AF337182

LE RHUM
ET SA FABRICATION

PAR

M. E.-A. PAIRAULT

Pharmacien principal des troupes coloniales,
Chargé de mission scientifique aux Antilles par le Ministère
des Colonies

AVEC UNE PRÉFACE

DE

M. LE Dr A. CALMETTE

Directeur de l'Institut Pasteur de Lille
Membre correspondant de l'Académie de médecine

PARIS
C. NAUD, ÉDITEUR
3, RUE RACINE, 3

1903

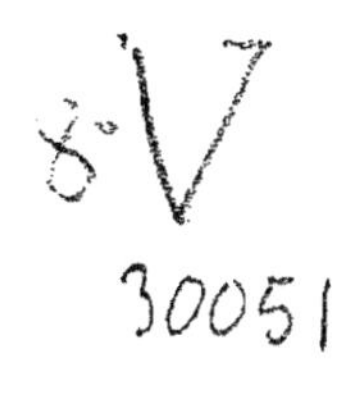

LE RHUM

ET SA FABRICATION

LE RHUM

ET SA FABRICATION

PAR

M. E.-A. PAIRAULT

Pharmacien principal des troupes coloniales,
Chargé de mission scientifique aux Antilles par le Ministère
des Colonies.

AVEC UNE PRÉFACE

DE

M. LE Dr A. CALMETTE

Directeur de l'Institut Pasteur de Lille,
Membre correspondant de l'Académie de médecine.

PARIS

C. NAUD, ÉDITEUR

3, RUE RACINE, 3

1903

PRÉFACE

Les industriels accusent volontiers les savants de s'isoler dans leurs laboratoires et d'ignorer l'art de mettre leurs découvertes scientifiques à la portée de ceux qui ont besoin de s'en servir. En réalité, ce reproche est presque toujours injuste ; et, s'il est vrai que les savants sont rarement industriels, en revanche on doit reconnaître que, trop souvent, les industriels ne cherchent pas à utiliser comme ils pourraient le faire, les travaux des savants.

Les lecteurs de ce livre estimeront sans doute qu'une telle vérité était bonne à dire, parce qu'elle s'applique surtout aux fabricants de rhum de nos malheureuses colonies des Antilles qui viennent d'être si cruellement éprouvés par le plus atroce désastre qu'on puisse concevoir. Mais j'ajoute qu'elle s'applique avec une rigueur au moins aussi grande et sans circonstances atténuantes à d'autres pays tels que la Jamaïque, Haïti, les Guyanes, la Réunion, l'île Maurice, où la richesse du sol et celle de nombreux colons eussent dû depuis de longues années prendre un bien plus considérable essor.

Aucune industrie, en effet, n'a moins profité de la science que celle dont traite cet ouvrage. On dirait que les découvertes de Pasteur, dont toutes les autres industries de fermentation, la brasserie, la vinaigrerie, la fabrication de l'alcool et celle du vin, ont si largement bénéficié, n'y ont jamais trouvé le moindre écho. On fabrique actuellement le rhum à la Martinique, à la Guadeloupe, à la Jamaïque et partout ailleurs, comme on le fabriquait, il y a cinquante ans, avec la même ignorance du rôle des ferments utiles et des ferments nuisibles, avec les mêmes aléas, les mêmes pertes de rendements, la même routine !

On devait pourtant supposer et espérer que la fermentation des jus de cannes ou de mélasses aurait beaucoup à gagner à être conduite d'après les données scientifiques modernes, avec un contrôle chimique rigoureux. On pouvait croire, *à priori*, qu'il n'était pas indispensable, pour obtenir de bons produits, de laisser détruire par de mauvais ferments 25 ou 30 p. 100 du sucre transformable en rhum des *mélasses* ou des *vesous*, et l'intérêt économique de cette question aurait dû depuis longtemps déjà, semble-t-il, en provoquer l'étude !

L'auteur de cet ouvrage a entrepris de convaincre les fabricants de rhum qu'il devient urgent pour eux de faire connaissance avec les méthodes bactériologiques s'ils veulent lutter victorieusement contre les causes multiples de décadence de leur industrie. Il était mieux qualifié que tout autre pour entreprendre ce travail. Plusieurs séjours successifs à la Martinique et à la Guadeloupe, en qualité de pharmacien de la marine et des troupes coloniales, lui avaient permis de s'initier à tous les détails de la fabrication du rhum, et au retour de l'un de ses voyages, il avait jugé utile de venir apprendre dans nos laboratoires de l'Institut Pasteur de Lille la biologie des ferments et l'art de conduire scientifiquement les fermentations. C'est alors que j'obtins pour lui de M. le Ministre des colonies une mission qui lui permit de retourner aux Antilles et d'y entreprendre une étude systématique des divers procédés industriels employés, non seulement dans nos îles françaises, mais aussi dans les colonies anglaises et hollandaises voisines.

Après avoir visité la plupart des grandes rhummeries de la Jamaïque, de la Barbade, de Sainte-Lucie et des Guyanes, M. Pairault organisa à Saint-Pierre un laboratoire de recherches et, avec un désintéressement et un dévouement auquel chacun s'est plu à rendre hommage, il mit ses connaissances scientifiques à la disposition des industriels de la Martinique, pour tenter d'introduire dans leurs usines l'habitude du contrôle chimique et bactériologique de la fabrication et l'emploi des levures pures sélectionnées. Les études et les expériences qu'il poursuivit sans relâche pendant deux ans allaient enfin porter leurs fruits lorsque la terrible éruption du volcan de la montagne Pelée anéantit d'un seul coup une grande partie des exploitations agricoles et des rhummeries de l'île.

M. Pairault avait eu l'heureuse fortune de reprendre le chemin de France un mois avant la catastrophe, rapportant avec lui tous les documents précieux amassés au cours de sa mission.

Son travail profitera du moins à ceux que le malheur a épargnés. Il profitera peut-être plus largement encore à ceux qui vont entreprendre de créer dans notre malheureuse colonie ou dans les pays voisins de nouvelles usines pour la fabrication du rhum. Cette industrie constituait à peu près l'unique ressource de nos possessions des Antilles. Il faut souhaiter qu'elle redevienne prospère : elle le peut et elle le doit.

Il suffit qu'on la protège par une réglementation intelligente qui oblige les importateurs à renoncer définitivement à cette fraude inconcevable qui consiste à faire d'un litre de rhum authentique trois ou quatre litres d'un produit vendu sous le même nom et qui n'est qu'une mixture d'alcools de betteraves additionnée de *sauces* merveilleusement combinées pour donner au consommateur l'illusion des parfums du vrai rhum. Cette fraude n'est pas seulement préjudiciable aux intérêts des rhummiers : elle l'est peut-être plus encore à la santé des consommateurs. Les uns et les autres ont le devoir d'exiger qu'on y mette un terme.

L'ouvrage de M. Pairault étale aux yeux des pouvoirs publics cette plaie qu'il faut à tout prix guérir. Il montre aussi à nos fabricants des Antilles les multiples causes des trop faibles rendements qu'ils obtiennent des diverses matières premières employées par eux, jus de cannes ou mélasses. Il leur en indique les remèdes. Puissent-ils ne pas tarder davantage à les appliquer !

Ce livre ne s'adresse pas seulement aux industriels : les économistes, les planteurs, les chimistes et tous ceux qui, de par leur profession ou leurs études, doivent se tenir au courant des progrès des industries de fermentation, le consulteront avec profit, parce qu'il possède le rare mérite d'avoir été écrit par un savant consciencieux qui a voulu tout voir, tout analyser, tout contrôler lui-même.

Aussi ai-je grand plaisir à en féliciter son auteur dont je m'honore d'avoir été le maître et de rester l'ami.

Dᵣ A. Calmette

Lille, Mars 1903.

LE RHUM

ET SA FABRICATION

PREMIÈRE PARTIE
HISTORIQUE ET STATISTIQUE

CHAPITRE PREMIER
HISTORIQUE

On donne le nom de *rhum* et parfois de *tafia* aux produits alcooliques obtenus par la fermentation et la distillation du jus de la canne à sucre (vesou) ou des mélasses produites par les usines travaillant la canne (saccharum officinarum) pour en extraire le sucre.

Le terme de *tafia* n'est presque plus usité ; il s'appliquait autrefois aux produits nouveaux et non colorés provenant de la mise en œuvre des mélasses de canne. Le tafia vieilli naturellement en fûts de chêne devenait le rhum. Aujourd'hui que tout le rhum exporté en France n'est que du tafia coloré au caramel, cette distinction n'a plus de raison d'être, et le mot *rhum* sera le seul employé dans ce livre. — Ce mot est d'importation anglaise et dérive de l'anglais *rum*.

Le rhum paraît avoir été connu dès les premiers jours de l'occupation des îles de l'Amérique (Antilles) par les Européens. — Aux Antilles françaises, il portait le nom de *Guildive* (¹) et déjà du temps du P. Labat on en faisait abus. — Voici en effet ce qu'on lit dans le *Nouveau Voyage aux isles de l'Amérique*, Paris 1722, t. I, page 404 : « L'eau-de-vie que l'on fait aux isles avec les écumes et les sirops du sucre, n'est pas une des boissons les moins en usage, on l'appelle Guildive ou taffia (sic).

« Les sauvages, les nègres, les petits habitants et les gens de métier n'en cherchent point d'autre et leur intempérance sur cet article ne se peut dire. Il leur suffit que cette liqueur soit forte, violente et à bon marché, il leur importe peu qu'elle soit rude et désagréable ».

Comme on le voit par cette citation, le rhum de cette époque était extrêmement inférieur, ce qui tenait surtout à la mauvaise qualité des matières premières employées et au peu de soins apportés à sa fabrication. Dans ces conditions, il est probable que le ferment acétique se développait aisément dans les cuves très plates (canots) que l'on employait alors ; de là vient sans doute le nom de *vinaigrerie*, donné autrefois aux locaux dans lesquels se faisait le rhum, et même à l'appareil distillatoire (²).

(¹) Ce terme est encore en usage à la Réunion et en Haïti. A la Guadeloupe on appelle surtout rhum le produit de la fermentation du vesou, et tafia celui de la fermentation des mélasses.

(²) Voir figure 2 la reproduction d'une gravure extraite de l'ou-

Fig. 1. — Saint-Pierre. (Martinique.)

Dans l'ouvrage du P. Labat cité plus haut, on lit (t. II, p. 410) ce passage écrit en 1694 : « L'eau-de-vie qu'on tire des cannes est appelée guildive, les sauvages et les nègres l'appellent taffia. — Elle est très forte et a une odeur désagréable et de l'âcreté, à peu près comme l'eau-de-vie de grains, qu'on a de la peine à lui ôter. — Le lieu où on la fait se nomme *vinaigrerie ;* je ne sais pas pourquoi on lui a donné ce nom qui ne lui convient point, il serait plus à propos de l'appeler un distillatoire ».

Il est curieux de noter en passant qu'à cette époque la distillation se faisait en deux fois, c'est-à-dire par repasse ([1]) comme cela se pratique encore dans les Charentes pour les eaux-de-vie fines.

Ainsi dans le tome II, p. 416 de son ouvrage, le P. Labat dit :

« La première liqueur qui vient d'une chaudière s'appelle la petite eau ; en effet, elle n'a pas beaucoup de force. — On conserve tout ce que l'on tire de petite eau pendant les cinq premiers jours de la semaine et on en remplit une ou deux chaudières pour la *repasser le samedi.*

« L'esprit qui sort alors est véritablement l'eau-de-vie taffia ou guildive, qui est très forte et très violente.

---

vrage du P. du Tertre, *Histoire générale des Antilles habitées par les Français*, Paris, 1667, t. II, p. 122, et représentant l'ensemble de la fabrication du sucre à cette époque. Dans cette gravure l'appareil distillatoire est désigné sous le nom de *Vinaigrerie.*

([1]) Il en est encore à peu près ainsi à Haïti et Saint-Domingue.

1 Moulin. 2 Fourneaux et Chaudieres. 3. Formes. 4 Vinaigrerie. 5 Cannes de Sucre. SVCRERIE 6. Gros Cocos. 7 Latanier. 8 Papaÿsirioba. 9 Choux Caroïbes. 10 Cases de Negres. 11 Figuier.

Fig. 2.

« Dans les sucreries où il y a deux chaudières à eau-de-vie, on en doit faire par semaine 160 pots [1] environ, mesure de Paris. — On la vend ordinairement 10 sols le pot et quelquefois davantage dans les temps où l'on ne fait pas de sucre, et quand l'eau-de-vie de France et les vins sont chers. »

Pendant longtemps sans doute, les Antilles françaises consommèrent sur place tout le rhum qu'elles produisaient et n'en exportèrent que très peu. — Cependant, d'après les Annuaires de ces colonies, en 1820 l'exportation atteignait 10 000 hectolitres, mais elle s'accrut rapidement, et de 1885 à 1900, atteignit 200 000 hectolitres, soit 20 000 000 de litres pour la Martinique et la Guadeloupe.

La fabrication du rhum n'a été le plus souvent aux Antilles françaises qu'une annexe de celle du sucre [2].

Mais lors de la fondation à la Martinique et à la Gadeloupe des grandes usines centrales pour la fabrication du sucre, nombre de petits propriétaires trouvèrent plus commode et plus avantageux de transformer en rhum leur jus de cannes, plutôt que d'en faire eux-mêmes du sucre (forcément inférieur) ou bien de vendre leurs cannes auxdites usines centrales.

---

[1] Soit 340 litres 7.

[2] Il en est de même aux Antilles anglaises, à Demerari et en divers pays.

Dès lors iJs se forma nombre de petites distilleries agricoles, dont le produit, obtenu directement au moyen des jus de cannes (vesou), porte le nom de *rhum d'habitant*.

Ce rhum est certainement supérieur à tout autre, mais il est réservé à la consommation locale.

D'autre part, la consommation du rhum augmentant en France, et les usines productrices de sucre ne possédant pas de distilleries assez importantes pour y suffire, il se forma à Saint-Pierre (Martinique) d'importantes distilleries dites *rhummeries industrielles*, employant exclusivement comme matière première la mélasse de canne achetée aux producteurs de sucre.

Par suite, la ville de Saint-Pierre (Martinique) (voir fig. 1) devint le centre le plus important de l'industrie rhummière, non seulement pour les Antilles françaises, mais pour le monde entier.

CHAPITRE II

IMPORTANCE DE L'INDUSTRIE RHUMMIÈRE
AUX ANTILLES FRANÇAISES

L'importance de l'industrie rhummière est considérable pour la Martinique et la Guadeloupe.

Ces deux colonies, chacun le sait, ne vivent guère que de la culture de la canne à sucre, plante qui leur fournit le sucre et le rhum, seuls articles dont l'exportation ait un réel intérêt pour elles. Les autres produits du sol (sauf peut-être le cacao) sont en effet pour ces colonies d'un maigre revenu, surtout pour la Martinique qui, depuis très longtemps, n'a presque plus de plantations de café ([1]).

Ces deux pays (Martinique et Guadeloupe) produisent ou plutôt produisaient des quantités considérables de rhum : ainsi de 1885 inclus à 1900 exclus, années pour lesquelles je possède des comptes officiels, la moyenne des quantités de rhum exportées chaque année a été de 17 029 000 litres pour la Martinique et 3 000 000 seulement pour la Guadeloupe,

---

([1]) La Martinique qui en 1818 exportait 734 600 kilogrammes de café n'en exportait plus en 1899 que 3 378 kilogrammes et 2 080 en 1900.

soit au total 20 000 000 de litres représentant une valeur *moyenne* de 7 à 8 millions de francs.

A ces quantités, il convient d'ajouter la consommation locale qui *officiellement* atteint 3 000 000 ([1]) de litres de rhum pour chacune de ces colonies.

C'est donc, en tenant compte de la fraude, une production annuelle de près de 30 000 000 de litres ou 300 000 hectolitres de rhum que produisaient à à elles seules nos colonies des Antilles (avant la catastrophe de Saint-Pierre).

Tout le rhum exporté est expédié au Havre et à Bordeaux, qui sont en France les deux grands marchés du rhum.

Comme on le voit, l'exportation de la Martinique en rhum était plus de cinq fois supérieure à celle de la Guadeloupe. Cependant les quantités de sucre exportées par ces deux colonies étant à peu près ègales ([2]), il devait en être de même pour la production de la *mélasse*, matière première du rhum d'exportation.

Cette différence dans la production et l'exportation

([1]) En réalité, malgré les précautions prises, la fraude étant considérable, ce nombre doit être très notablement augmenté, et probablement doublé.

([2]) Toutefois la Guadeloupe exporte un peu plus de sucre que la Martinique.

En effet, voici la moyenne de l'exportation du sucre de 1885 exclus à 1900 inclus (extrait des annuaires de ces colonies pour 1901) :

Martinique. . . . . 33 063 351 kilog.
Guadeloupe . . . . 40 798 135   »

du rhum peut surprendre ; elle tenait uniquement à
ce que le rhum de la Martinique se vendant à un prix
un peu plus élevé que celui de la Guadeloupe sur les
marchés du Havre et de Bordeaux, il en résultait que
nombre de producteurs de sucre de la Guadeloupe,
(*d'usiniers*, comme l'on dit aux Antilles), trouvaient
plus de bénéfices à vendre leurs mélasses à la Martinique qu'à les distiller eux-mêmes où à les faire
distiller à la Guadeloupe.

CHAPITRE III

IMPORTANCE COMPARÉE DE L'INDUSTRIE RHUMMIÈRE DANS LES DIVERS PAYS

STATISTIQUE

L'importance de cette industrie est beaucoup plus grande qu'on ne le suppose généralement.

Je crois en effet d'après les documents que j'ai en mains, pouvoir affirmer que la production totale atteint et dépasse même *onze cent mille hectolitres* de rhum, calculé en alcool à 55° centésimaux [1].

La moitié environ de cette quantité est exportée en France, en Angleterre [2], à Hambourg, aux États-Unis et aussi un peu en Hollande et en Danemark; l'autre moitié est consommée sur place dans les pays de production.

Il est certainement impossible de connaître d'une façon précise les quantités correspondant à la pro-

---

[1] Le degré du rhum marchand pour l'exportation varie beaucoup suivant les pays : il est de 55° degrés centésimaux pour les colonies françaises ; à Demerari, à la Trinidad et à Surinam, il est de 81° (41 over proof) ; à la Jamaïque et à l'île Maurice, ce degré est de 78° (35 over proof); à Sainte-Lucie de 71°,5 (25 over proof). Mais dans les comptes précédents, toutes les quantités ont été réduites et évaluées en alcool à 55°.

[2] A noter qu'une bonne partie du rhum blanc expédié de la Jamaïque en Angleterre y est transformé en whisky.

duction totale dans les divers pays. Il faudrait pour cela pouvoir connaître exactement pour chaque pays la consommation locale et l'exportation.

Or, bien souvent, les annuaires ne donnent pas cette consommation et dans nos colonies chacun sait que les nombres donnés par le service des contributions sont loin de représenter la consommation vraie et ne représentent que celle régulièrement constatée.

D'autre part, les pays qui consomment le plus de rhum tels que Haïti et Saint-Domingue (qui d'ailleurs n'en exportent pas), ne tiennent pas de comptes officiels de cette consommation.

On en est donc fréquemment réduit à des estimations peu précises extraites de documents non officiels.

Pour l'exportation au contraire on trouve facilement des chiffres précis dans les annuaires des divers pays. Ces annuaires donnent très souvent cette exportation pour une suite d'années assez étendue, ce qui permet d'établir des moyennes fort intéressantes et exactes.

Dans le tableau suivant les chiffres représentent la moyenne de l'exportation de chaque pays pour une période de dix années (1890 inclus à 1900 exclus). Les quantités y sont évaluées en litres, et afin de faciliter les comparaisons, calculées en alcool pur à 100° et en alcool à 55°. Ce dernier degré étant celui du rhum exporté par nos colonies françaises.

Exportation (en litres) du rhum par les pays producteurs.

	ALCOOL A 100°	ALCOOL A 55°
Martinique.	9 438 130	17 160 236
Demerari	8 795 022	15 990 949 [1]
Jamaïque	5 825 415	10 591 663 [2]
Ile Maurice	1 782 253	3 240 460
Guadeloupe	1 587 940	2 887 164
Trinidad.	297 108	540 196
Ste-Lucie..	142 000	258 182
Réunion	908 050	1 651 000
Paramaribo (Guyane hollandaise)	290 617	528 395 [3]
Ste-Croix (Antilles danoise) . .	201 000	365 455
Totaux.	29 267 535	53 213 700

[1] Ces chiffres n'ont pas varié d'une manière sensible depuis 58 années. La Martinique au contraire qui n'exportait guère qu'un million de litres de rhum à 55° en 1850, en exportait cinq millions en 1861, puis 8 633 000 en 1881, enfin brusquement en *trois années* seulement doublait son exportation qui en 1884 atteignait 17 625 000 litres, nombre qui représente très sensiblement la moyenne à laquelle elle s'est maintenue depuis cette époque jusqu'en 1900.

[2] L'exportation de la Jamaïque diminue notablement depuis quelques années, celle de la Trinidad augmente au contraire.

[3] Pour ces trois pays il n'a pas été possible d'établir une moyenne portant sur dix années, soit parce que l'exportation n'y date que de quelques années, soit parce que les annuaires ne donnent que l'exportation de l'année courante.

PRODUCTION TOTALE

En additionnant les totaux des deux tableaux ci-joints, on obtient le nombre considérable de *116.618.516* litres d'alcool à 55° centésimaux soit plus de *onze cent mille hectolitres*, nombre qui représente

Consommation [1] locale (en litres) du rhum par les pays producteurs.

	ALCOOL A 100°	ALCOOL A 55°
Haïti	18 960 000	34 472 727 ? [1]
Saint-Domingue	6 320 000	11 490 909 ? [1]
Martinique	1 650 000	3 000 000
Guadeloupe	1 650 000	3 000 000
Jamaïque.	1 375 000	2 500 000 ?
Barbade.	1 155 000	2 100 000 ? [2]
Réunion.	1 375 000	2 500 000 ?
Trinidad.	675 725	1 228 591
Ile Maurice	632 524	1 150 044
Demerari	331 650	603 000
Sainte-Croix.	301 500	548 181
Sainte-Lucie	284 000	516 364
Paramaribo	82 500	150 000 ?
Guyane française.	79 750	145 000 [3]
Totaux	34 872 649	63 404 816

Nota. — Les nombres suivis du signe ? ne sont qu'approximatifs faute de documents suffisamment précis.

[1] Ces deux pays n'importent ni n'exportent de rhum. Il n'est pas tenu de comptes officiels de la consommation. Mais il y a quelques années le journal Haïtien *le Drapeau* numéro du 12 décembre 1896 évaluait à 24 000 000 de litres d'alcool à 30° Cartier (79° C) la consommation annuelle du rhum à Haïti, pays dont la population est de 1 507 000 habitants. Cette quantité d'alcool correspond aux chiffres du tableau ci-dessus.

Pour Saint-Domingue les documents manquent totalement, mais la population de Saint-Domingue étant de même nature que celle d'Haïti et seulement de 557 000 habitants ; on peut, à défaut d'autres données, admettre sans grande erreur que la consommation de Saint-Domingue est le tiers de celle d'Haïti.

[2] La Barbade n'importe ni n'exporte de rhum.

[3] La Guyane française, y compris la transportation, consomme en réalité environ 400 000 litres de rhum à 50°, mais elle n'en fabrique que la quantité ci-dessus, le reste est importé de la Martinique et figure dans le total des exportations de ce pays.

[1] Dans les pays anglais le rhum consommé est à un degré bien plus faible que celui exporté, mais il en a été tenu compte. En effet, les droits de consommation étant perçus par gallon d'alcool

aussi exactement que possible la production totale (¹)
du rhum dans tous les pays.

VALEUR COMPARATIVE DES TROIS PRINCIPAUX TYPES DE RHUM DANS LES PAYS DE PRODUCTION

Il peut être intéressant de connaître la valeur com-
parative *à degré égal* du rhum exporté par les trois
pays producteurs principaux de ce liquide : Martinique, Demerari (Guyane anglaise), Jamaïque. Pour
ces trois pays il m'a été possible d'obtenir des chiffres
précis lesquels sont extraits :

1° De l'annuaire officiel de la Martinique pour 1901 ;

2° Du British Guiana Directory for 1900 ;

3° Du Handboock of Jamaïca for 1901.

Les quantités exprimées en gallons (4 litres 54) dans
les publications anglaises ont été traduites en litres,
et les valeurs exprimées en livres sterling converties
en francs, enfin, pour avoir des valeurs comparables,

---

de preuve, et les comptes établis sur cette base, il a été facile, après
avoir transformé les gallons en litres et les sommes en francs, de
connaître d'après les annuaires le nombre de litres d'alcool de
preuve consommés, et par conséquent le nombre de litres d'alcool
à 100° correspondant.

(¹) Moins Cuba et Porto-Rico, pays pour lesquels, malgré mes
instances auprès des consuls français, il ne m'a pas été possible
d'obtenir un seul renseignement.

Je n'ai également aucun renseignement sur les quantités de rhum
fabriquées dans la presqu'île de Malacca.

2° Le rhum Martinique est expédié à 55° nets, le Jamaïque à 78°,
et le Demerari à 81°. Les valeurs du tableau suivant mettent le
Jamaïque (78°) à o fr. 54, et le Demerari (81°) à o fr. 37 le litre.

reportées au litre d'alcool à 100° et au litre d'alcool
à 55° centésimaux.

	ALCOOL A 100°	ALCOOL A 55°
	franc	franc
Jamaïque.	0,69	0,38
Martinique	0,66	0,364
Demerari.	0,46	0,254

Les nombres de ce tableau représentent la moyenne
des valeurs données pour chaque année par les annuaires officiels précités pendant la période décen-
nale comprise entre 1890 inclus et 1900 exclus.

Il est à noter toutefois qu'à cause de la crise commerciale toute particulière qui sévit en France sur
les rhums, les prix aux Antilles sont tombés en
1900 et surtout en 1901 encore au-dessous des prix
déjà faibles portés au tableau précédent.

C'est ainsi que de très grosses quantités de rhum
Martinique ont été vendues en juin et juillet 1901, à
0 fr. 28, 0 fr. 30 et 0 fr. 32 le litre logé et rendu au
Havre ou Bordeaux. Enfin en décembre 1901, un
très fort marché était passé à 0 fr. 23 le litre logé,
pris sous vergue, à la Martinique.

De pareils prix n'étant plus rémunérateurs pour
le producteur ne s'expliquent que par le besoin de
réaliser.

Quant au consommateur français il n'a, bien
entendu, jamais payé son rhum meilleur marché pour
cela.

IMPORTATION DU RHUM EN FRANCE

Rocques dans son ouvrage intitulé « les eaux-de-vie et liqueurs » (Carré et Naud, éditeurs, Paris, 1898, p. 118), estime à 150 000 hectolitres, comptés en alcool absolu, la quantité de rhum importée en France. Cela équivaudrait en nombres ronds à 270 000 hectolitres (ou 27 000 000 de litres) de rhum à 55°. Il résulterait de là que la France importerait de l'étranger (sans doute Jamaïque et Demerari) une quantité équivalant à 6 ou 7 millions de litres, car les Antilles françaises n'en exportent que 20 000 000 de litres et la Réunion fort peu. Ce chiffre de l'importation de rhum étranger en France me paraît excessif !

DEUXIÈME PARTIE

FABRICATION DU RHUM AUX ANTILLES FRANÇAISES ET PRINCIPALEMENT A LA MARTINIQUE

CHAPITRE PREMIER

MATIÈRES PREMIÈRES EMPLOYÉES

Les matières premières employées dans la fabrication du rhum sont au nombre de six :

1° La mélasse de canne à sucre ;

2° Le gros sirop ;

3° Le sirop batterie ou vesou cuit ;

4° Le jus de canne ordinaire ou vesou cru ;

5° La vinasse (de vesou ou de mélasse) ;

6° Le caramel.

LA MÉLASSE DE CANNE A SUCRE

La mélasse ou sirop d'usine (¹) est le produit du turbinage des masses cuites de sucrerie de canne pour en extraire le sucre turbiné ; ce sucre est blanc, s'il s'agit de masses cuites de 1ᵉʳ jet, ou roux s'il s'agit de masses cuites de 2ᵉ et 3ᵉ jet.

(¹) On désigne aux Antilles exclusivement sous le nom d'usine et d'usiniers la fabrique et les fabricants de sucre.

Cette mélasse de canne diffère très notablement par sa composition de celle de betterave. Son odeur est agréable ainsi que son goût ; enfin elle est légèrement acide. (3 à 4 gr. par litre en SO^4H^3).

J'en ai fait de nombreuses analyses ; les chiffres suivants représentent les écarts extrêmes de ses composants pour 100 grammes.

Saccharose (ou sucre ordinaire cristallisable) .	30 à 40
Sucres réducteurs (ou sucres incristallisables).	32 à 22
Raffinose	0 à 0
Matières minérales.	4 à 6
Eau et matières organiques indéterminées (non sucre).	34 à 32
	100

Il convient d'ajouter à ce tableau des traces de mannose et environ 1 à 2 p. 100 de glutose ; enfin 0,2 à 0,3 p. 100 d'azote total. A noter que les mélasses de canne ne contiennent pas de nitrates.

Leur densité exacte prise par le procédé Sidersky varie de 1,37 à 1,42 en moyenne 1,40 (41° Baumé) [1].

En principe, une mélasse est d'autant plus pauvre en sucre cristallisable, que le travail de la sucrerie qui l'a produite est plus parfait.

---

[1] A la Martinique on admet par expérience que 100 kilogrammes de cannes fournissent 4 kg. 5 de mélasse et que le rendement de la canne en sucre est de 7 et demi p. 100. Il faut donc 13 400 kilogrammes de cannes pour produire une tonne de sucre (soit 3 tonnes à l'hectare environ). Dans ces conditions on trouve que le poids de mélasse produit par tonne de sucre est égal à $13\,400 \times 4{,}5 = 603$ kilogrammes, et en volume $\dfrac{603}{1{,}4} = 430$ litres mélasse pour 1 tonne de sucre.

Les réducteurs sont formés de glucose et de lévulose *en proportions qui ne sont point égales comme dans le sucre inverti*, mais inégales et variables selon la qualité de la canne mise en œuvre. Une canne de bonne qualité fournit des réducteurs contenant plus de glucose que de lévulose (Pellet).

L'analyse des mélasses de cannes présente des difficultés particulières ; je décrirai dans la dernière partie de ce livre les méthodes auxquelles je me suis arrêté.

Achat des mélasses. — Les mélasses sont achetées *au volume* ; l'unité étant le gallon anglais réduit par convention à 4 litres ([1]) Toutefois à cause des difficultés de mesurage, la capacité des fûts (boucauts) de mélasse est déduite du poids du contenu en prenant pour base la densité conventionnelle 1,40, c'est-à-dire en admettant que 1 kg. 400 de mélasse représente le volume de 1 litre. Aucune analyse n'en est faite ; on se contente d'en prendre le degré Baumé, ce qui est un renseignement de peu de valeur et tout à fait insuffisant ([2]).

La *Mélasse* ou *sirop d'usine* est de beaucoup la

([1]) Le prix en est très variable et suit la fluctuation des cours du rhum. Ainsi en 1899 la mélasse valait 1 fr. 20 le gallon et le rhum 0 fr. 60 le litre. En 1901 la mélasse valait 0 fr. 26 à 0 fr. 30 le gallon, et le rhum était à vil prix, 0 fr. 20 à 0 fr. 25 au plus.

([2]) D'autant plus que l'intérêt du producteur de mélasse, contraire à celui du rhummier, est d'y laisser le moins de sucre possible.

Aux Antilles on ne fait que trois jets de sucre, parfois même que deux. Le travail de la sucrerie se fait en milieu acide.

matière première la plus importante pour la fabrication du rhum. Non seulement les distillateurs de la Martinique employaient toutes celles produites dans le pays, mais encore la plus grande partie de celles de la Guadeloupe et même de la Trinidad (Antilles anglaises) avant les droits énormes qui, fort peu intelligemment ([1]), ont été mis sur les mélasses étrangères à leur entrée à la Martinique et à la Guadeloupe.

Conservation des mélasses. — Malheureusement il semble, tant on en prend peu de soins, que l'on ait plaisir à laisser contaminer cette mélasse par toutes les bactéries et microbes divers du sol et de l'air.

Dans les sucreries qui les produisent, ces mélasses sont conservées le plus souvent dans de grands bassins en maçonnerie creusés dans le sol et non couverts. Ces mélasses sont ainsi exposées à toutes les poussières de l'usine ; de plus, il est très fréquent que des rats (sans parler des nombreux insectes) y tombent et y trouvent la mort ; le fait est même arrivé plus d'une fois pour des animaux bien plus volumineux.

Puisée dans ces bassins, la mélasse est introduite

([1]) Le résultat *facile à prévoir* de ces droits a été celui-ci : la Trinidad ne pouvant plus vendre ses mélasses à la Martinique s'est mise à installer de grandes distilleries dont les produits font désormais concurrence à nos rhums sur les marchés européens.

dans les boucauts (fûts de 5oo litres) qui servent à son transport et dont le nettoyage intérieur est presque toujours insuffisant.

A leur arrivée dans les rhummeries des villes, les fûts sont roulés sur le sol poussiéreux et amenés par des hommes spéciaux (rouleurs de sirop) sur des dépotoirs formés par des madriers disposés à claire-voie au-dessus d'une fosse semblable à celle de l'usine. La poussière amenée par les fûts et les pieds des hommes tombe dans la mélasse. Du sirop se répand sur les poutres, y forme un enduit visqueux épaissi par la poussière, des moisissures croissent sur le tout, mais personne ne s'en soucie.

De ces fosses, la mélasse est ordinairement envoyée, au moyen de pompes, dans des bacs en tôle également découverts, situés à quelques mètres de hauteur de façon à faciliter sa distribution dans la rhummerie.

GROS SIROP

On appelle ainsi le sirop qui s'écoule des sucres bruts de canne.

Ces sucres bruts sont obtenus par évaporation directe à feu nu du vesou déféqué à la chaux dans les chaudières (batteries) [1] dites du P. Labat, mais

---

[1] Il existe encore à la Martinique de nombreuses *batteries* en activité soit pour fabriquer le sucre brut destiné à la préparation du caramel, soit pour obtenir le sirop batterie ; ce système se compose ordinairement de 4 chaudières de grandeurs décroissantes

qui lui sont antérieures. Voir la gravure (fig. 2) extraite de l'ouvrage du P. du Tertre (1667), tandis que le P. Labat né en 1663, n'arriva aux Antilles qu'en 1693.

Lorsque le vesou a été suffisamment évaporé, la masse est coulée dans des bacs très plats où elle cristallise. Après refroidissement complet, le sucre brut ainsi obtenu est mis dans des barils percés de trous. Ces barils sont alors placés debout sur des madriers disposés à claire-voie au-dessus d'une citerne ou fosse qui reçoit le sirop (gros sirop) s'écoulant du sucre brut.

Ce sucre brut est très brun et fort impur ([1]), on en produit encore aujourd'hui une notable quantité dans de petites sucreries très primitives. Ce sucre brut est réservé à la consommation locale et à la fabrication du caramel nécessaire à la coloration du rhum.

Le gros sirop est très fortement coloré ; il diffère en outre de la mélasse ou sirop d'usine en ce qu'il est plus riche en sucre cristallisable (saccharose) et

---

dans lesquelles le jus de canne passe successivement pour être amené au degré de concentration voulu après avoir été déféqué à la chaux dans la 1re qui s'appelle la *grande*. La 2e chaudière s'appelle la *propre*, la 3e le *flambeau*, la 4e la *batterie*.

([1]) En voici une analyse extraite de mon carnet de Laboratoire :

Saccharose	83,4
Incristallisable	4,6
Cendres sulfuriques	1,6
Insoluble	0,7
Humidité dosée	7,1
Matières organiques indéterminées . . .	2,6
	100,0

plus pauvre en sucres incristallisables ou réducteurs, ainsi qu'en matières minérales et organiques.

Voici comme exemple une analyse de gros sirop Martinique extraite de mes notes de laboratoire :

Densité = 1,40 (procédé Sidersky) = 41° Baumé.

Saccharose ou sucre cristallisable .	52,47		
Réducteurs ou sucres incristallisables.	15,07	(Glucose. .	8,65
		(Lévulose .	6,12
Matières minérales (cendres sulfuriques)	3,00		15,07
Matières organiques indéterminées (non sucre par différence)	3,46		
Eau dosée	26,00		
	100,00 grammes.		

Ce gros sirop n'est guère utilisé que par de petites rhummeries fabriquant une qualité spéciale de rhum, et donne d'ailleurs un excellent produit.

SIROP BATTERIE

Ce sirop n'est autre que du vesou déféqué et concentré en consistance de sirop dans les chaudières ou batteries dites du P. Labat. Cette opération est faite surtout dans le but d'enlever au rhum fabriqué avec le jus de la canne l'arome spécial (quoique très suave) qu'il possède quand il est fait avec le vesou cru.

Ce sirop est naturellement beaucoup moins coloré que le précédent ; il est jaune ambré ; sa composition diffère d'ailleurs peu de celle du gros sirop, mais il est encore plus pauvre en matières organiques et minérales, et par conséquent plus riche en matières sucrées.

Voici comme exemple une analyse de sirop batterie Martinique extraite comme la précédente de mes notes de laboratoire.

Densité = 1,37 (procédé Sidersky) = 39° Baumé.

Saccharose ou sucre cristallisable .	55,65	
Réducteurs ou sucres incristallisables.	13,10	(Glucose. . 7,40 (Lévulose . 5,70 ——— 13,10
Matières minérales (cendres sulfuriques)	1,06	
Matières organiques (non sucre par différence).	3,19	
Eau dosée	27,00	
	100,00 grammes.	

Ce sirop contient souvent des grains de sucre en suspension. Les créoles en sont très friands et l'emploient comme aliment.

Quand le sirop batterie doit être employé de suite à la fabrication du rhum, on se contente le plus souvent de l'évaporer à la densité de 1,21 (25° Baumé).

Un sirop de ce genre contenait pour 100 grammes :
Saccharose. 35,65
Sucres réducteurs. 9,83

VESOU ORDINAIRE OU VESOU CRU

Le *vesou*, chacun le sait, est le *jus de la canne à sucre* (¹) ce jus, dans les sucreries centrales, est

---

(¹) La canne à sucre (saccharum officinarum) dont il existe d'ail-

obtenu au moyen de moulins très puissants mus par
la vapeur. Mais dans les rhummeries travaillant le

---

leurs de nombreuses variétés, est une graminée de haute taille qui,
lorsqu'elle est fléchée (fleurie), peut atteindre 4 à 5 mètres de haut,

Fig. 3. — Champ de canne à sucre.

mais dont la tige utilisable a rarement plus de 2 mètres de long sur
4 à 6 centimètres de diamètre. Cette tige est pourvue de nœuds
plus ou moins espacés. La canne à sucre exige pour prospérer une
terre profonde, franche et facile à diviser, enfin un climat chaud et
humide.

La souche est vivace et donne naissance à 6, 8, à 10 tiges ou
cannes qui sont annuelles. Les cannes provenant d'une première
coupe sont dites cannes plantées, les autres sont dites de 1er, 2e,
3e, etc., rejeton.

La canne se reproduit presque exclusivement par boutures au
moyen des sommités ou têtes non fléchées, ces boutures sont mises
en terre dans des trous peu profonds et espacés de 1 m. 50 envi-

vesou et qui toutes sont de peu d'importance, on n'emploie que des moteurs hydrauliques et l'on perd dans la canne sortant du moulin (bagasse) des quantités considérables de sucre — c'est ainsi que 1 000 kilogrammes de cannes ne donnent dans ces moulins que 600 kilogrammes de jus. Dans de la bagasse qui contenait d'ailleurs encore 53 p. 100 d'eau j'ai dosé jusqu'à 10 p. 100 de sucre fermentescible total (¹).

---

ron. Aux Antilles on plante ordinairement en décembre, on sarcle ensuite à plusieurs reprises, on fume en juin avant les grandes pluies, mais les cannes ne sont bonnes à couper qu'en février ou mars de l'année suivante, c'est-à-dire quinze mois après qu'elles ont été plantées (voir fig. 2).

Chaque année ensuite on peut récolter de nouvelles cannes sur la même souche, car celle-ci peut fournir des cannes pendant un nombre d'années très variable selon la qualité du terrain, les soins qui lui sont donnés et la quantité d'engrais approprié que l'on y consacre. Dans de bons terrains et avec des soins suffisants, les mêmes souches peuvent fournir des résultats rémunérateurs pendant quinze ou vingt années. Toutefois ce sont là des faits exceptionnels aux Antilles. Dans ces pays le poids des cannes récoltées à l'hectare diminue rapidement d'année en année à mesure que la souche vieillit. C'est ainsi que les cannes plantées fournissent à l'hectare un rendement de 60, 80, et même parfois de 100 000 kilogrammes de cannes prêtes à être passées au moulin, puis à chaque coupe suivante le rendement baisse au point de n'être plus que d'une vingtaine de mille kilogrammes lors des 5es rejetons. Aussi aux Antilles françaises on ne laisse guère les souches en terre plus de cinq à six ans. Au bout de ce temps elles sont arrachées et l'on replante à nouveau. D'après M. Bonâme (*Culture de la canne à sucre à la Guadeloupe*, Paris, Challamel et Cie, 2e édit., 1888, p. 195) le rendement moyen comprenant les diverses coupes est de 41 000 kilogrammes à l'hectare.

A la Martinique le rendement moyen de la canne en sucre blanc est seulement de 7,5 p. 100, c'est ainsi que l'on compte couramment qu'il faut 13 t. 3 de canne pour obtenir une tonne de sucre blanc, soit environ 3 tonnes de sucre à l'hectare.

(¹) J'entends par sucre fermentescible total le nombre obtenu en

Fig. 4. — Récolte de la canne à sucre.

La densité des vesous varie avec la qualité de la canne, avec sa maturité, avec la sécheresse plus ou moins grande de la saison, etc. A la Guadeloupe elle est de 1 070 à 1 075 soit 10° Baumé environ. L'acidité du vesou récent est très faible, 0,5o à 0,70 par litre (en SO^4H^2), mais elle augmente rapidement. Sa richesse en sucre fermentescible total [1] est en moyenne de 18 grammes pour 100 centimètres cubes. A la Martinique en général le vesou est un peu moins riche et a par conséquent une densité plus faible 1,060 à 1,067, soit près de 9° Baumé environ.

Le vesou fermente spontanément en raison des levures qu'il contient et qui proviennent de la surface des cannes ; mais cette fermentation est très souvent irrégulière et de durée très variable.

VINASSE OU VIDANGE

La vinasse que les distillateurs des Antilles *appellent exclusivement vidange* et les Anglais « dunder » est le résidu de la distillation des mouts fermentés (grappes) pour en retirer le rhum.

La vinasse doit être considérée comme une matière première, car dans les conditions où l'on opère aux Antilles françaises, elle est nécessaire pour obtenir ces rhums à arome corsé mais peu suave

---

titrant à la liqueur de Fehling les jus ou moûts suffisamment étendus d'eau, après avoir été invertis par un acide minéral. On obtient ainsi les sucres réducteurs préexistants et le sucre inverti provenant du saccharose.

qui sont recherchés par les importateurs français,
uniquement parce que, grâce à cet arome, ils peuvent par addition d'alcool d'industrie et d'eau faire
3 à 4 barriques de rhum avec une seule.

Fig. 5. — Moulin à cannes.

Il convient d'ailleurs de distinguer la *vinasse de
vesou* et la *vinasse de mélasse*.

La première est peu colorée et peu dense (1,007
à 1,010). Elle est fortement acide 6 à 7 grammes par
litre (en SO^4H^2) et ne contient ordinairement que des
traces de sucre quand la fermentation a bien marché.
Elle laisse un résidu sec de 3o à 4o grammes par litre
correspondant à 3 grammes environ de cendres riches
en acide phosphorique et surtout en potasse.

Son rôle principal est d'apporter aux fermentations l'acidité nécessaire en même temps qu'un peu d'azote et de matières minérales utiles à la levure. Elle contribue aussi, ainsi qu'il a été dit plus haut, à donner au rhum plus d'arome. Toutefois elle n'est pas indispensable, et les rhummiers agricoles s'en passent lorsqu'ils ne veulent produire que du rhum fin. Pour le rhum ordinaire ils l'emploient dans la proportion de 20 p. 100 du mélange mis à fermenter (composition).

La deuxième ou *vinasse de mélasse* est très fortement colorée en brun ; sa densité est élevée et varie le plus souvent entre 1,043 et 1,051 (6 à 7° Baumé). Elle est chargée en matières solides : en moyenne 100 à 120 grammes par litre correspondant à 26 à 30 grammes de cendres riches en potasse (35 p. 100 environ) et contenant en outre environ 2 p. 100 d'acide phosphorique.

L'acidité de ces vinasses est très élevée, ordinairement 10 à 11, et atteint fréquemment 12, 13 et même 14 grammes par litre en SO^4H^2. Cependant l'acidité volatile est faible et pour de la vinasse récente telle qu'on l'emploie, elle ne dépasse guère 2 grammes à 2,50 par litre (en SO^4H^2). Ces acides volatils, déterminés par la méthode de Duclaux après avoir étendu d'eau la vinasse, sont un mélange d'acide formique et d'acide acétique dans lequel l'acide formique prédominerait. Dans de la vinasse ancienne je n'ai plus trouvé que de l'acide acétique.

Les vinasses de rhummerie sont généralement bien épuisées en alcool et n'en contiennent à peine que 0,2 p. 100 en volume. Par contre, elles contiennent assez souvent des matières sucrées qui ont échappé à la fermentation et en outre d'autres matières sucrées infermentescibles comme le *glutose*.

Ainsi, dans la vinasse d'une grande rhummerie, vinasse que par l'intermédiaire de M. H. Pellet j'avais adressée à M. Alberda van Eckenstein en le priant de vouloir bien y rechercher et doser le glutose par les procédés dont il est l'auteur, ce savant a trouvé 0,4 p. 100 soit 4 grammes par litre de ce sucre infermentescible. On y rencontre également de *très faibles* quantités de pentoses.

L'emploi de la vinasse est absolument nécessaire aux Antilles françaises pour la production des rhums d'exportation à fort arome si recherchés pour les coupages. Aussi les rhummiers font-ils rentrer dans leurs moûts (compositions) la plus forte proportion possible de vinasse, jusqu'à 70 p. 100 en volume, lorsqu'elle n'est pas trop dense.

D'ailleurs cette vinasse apporte aux fermentations, outre l'arome, l'acidité et des principes minéraux, une certaine quantité de matières azotées utiles à la levure.

Ces matières azotées sont en proportion assez variable dans la vinasse, ce qui se conçoit aisément, étant donné l'habitude prise dans la plupart des rhummeries d'ajouter du sulfate d'ammoniaque aux moûts. Si ce sel est employé en excès, il se retrouve en partie dans la vinasse et augmente le taux des matières azotées totales.

Enfin cette vinasse est toujours trouble et laisse déposer un résidu riche en azote ; aussi obtient-on des résultats sensiblement différents selon que l'on opère avec la même vinasse filtrée ou non. J'ai trouvé plusieurs fois de 7 à 9 de matières azotées totales par litre dans diverses vinasses, et sur une autre vinasse filtrée je n'ai trouvé que 5,90 (méthode de Kjeldalh).

Dans une vinasse limpide et un peu ancienne que, faute des réactifs nécessaires, j'avais adressée à M. Rolants [1] en le priant d'y faire le dosage des diverses matières azotées par la méthode de Schulze, de Zurich, celui-ci a trouvé les résultats suivants par litre de vinasse :

Azote total	0,62
Matières azotées totales	4,03
Matières azotées albuminoïdes	0,47
Matières azotées amidées	2,97
Matières azotées (peptones)	0,59
Azote ammoniacal	traces.

Prise au robinet de la chaudière, la température de la vinasse est de 99° au plus. Je me suis assuré que, comme il fallait s'y attendre, recueillie aseptiquement dans le jet du robinet elle était stérile. Mais prélevée avec les mêmes précautions à une douzaine

---

[1] Chef du laboratoire des fermentations à l'Institut Pasteur de Lille.

de mètres du robinet dans les conduites de bois qui la menaient aux bassins de refroidissement et alors que sa température était encore élevée (55 à 6o), j'ai constaté qu'elle n'était plus stérile et qu'elle contenait exclusivement des schizosaccharomyces (levures qui paraissent jouir de la propriété de prospérer à de hautes températures).

A la sortie des appareils à distiller, la vinasse est reçue dans de grands bassins en maçonnerie à large surface afin de faciliter le refroidissement. ·

Il y a ainsi, à la suite les uns des autres, plusieurs bassins, de sorte qu'au dernier la vinasse sort suffisamment refroidie pour l'emploi.

Malheureusement, faute d'espace, il n'en est pas toujours ainsi, et dans bien des distilleries le refroidissement n'est pas suffisant, ce qui oblige à avoir une température trop élevée (jusqu'à 45°) lors du remplissage des cuves, et retarde le départ de celles-ci. De plus ce refroidissement à l'air libre est très défectueux, car il cause l'envahissement de la vinasse par toutes sortes de bactéries et de germes nuisibles.

L'emploi d'un réfrigérant tubulaire serait bien préférable.

Une bonne partie de la vinasse rentre dans la fabrication et le reste est évacué au dehors. Les grandes rhummeries de Saint-Pierre étaient toutes situées près du rivage, aux deux extrémités de la ville, et envoyaient à la mer leurs vinasses. Il est fâcheux que l'on n'en ait jamais tiré aucun parti, car d'après mes évaluations on pouvait estimer en nombres ronds à 170 000 litres par journée moyenne de fabrication, la quantité de vinasse jetée à la mer, ce qui représentait une quantité de potasse considérable soit 1 500 kilogrammes par jour, plus 90 à 95 kilogrammes d'acide phosphorique.

CARAMEL

Le caramel est également une matière première pour la rhummerie d'exportation, car tout le rhum exporté est coloré au caramel à la sortie même de l'appareil distillatoire. Bien plus, chaque port importateur en France a son type de coloration ; on ne colore pas de même pour Le Havre que pour Bordeaux.

Le caramel est préparé avec soin dans les rhummeries, car il est important surtout qu'il ne trouble en aucune façon le rhum et lui laisse au contraire tout son brillant recherché par la consommation. Il importe également que, sans être trop brûlé, ce qui lui donnerait mauvais goût, il possède le plus grand pouvoir colorant possible de façon à ne pas être obligé d'en mettre trop, ce qui ferait perdre trop de degré au rhum. En effet, cette addition de caramel (surtout s'il faut en employer beaucoup pour obtenir la teinte voulue) augmente la densité du rhum et par conséquent l'alcoomètre qu'on y plonge marque

3 à 4 degrés de moins qu'avant. Or, dans les ventes de rhum le degré se constatant toujours simplement par l'alcoomètre sans distillation préalable, c'est autant de degrés de perdus pour le vendeur.

Voici comment on prépare le caramel à la Martinique. On met dans une grande bassine :

Sucre brut de canne provenant des chaudières de P. Labat, 100 kilogrammes.

Eau, 5o litres.

On fait bouillir longuement en ajoutant au besoin un peu d'eau de temps en temps et en ayant le soin d'écumer fréquemment. En continuant la cuisson, la masse se colore de plus en plus en répandant d'abondantes vapeurs âcres et irritantes qui prennent à la gorge et aux yeux ; on a soin d'agiter constamment pendant ce temps pour empêcher la masse d'adhérer au fond de la bassine et d'y brûler en partie. L'aspect du produit permet, avec une certaine habitude, de saisir le moment précis auquel il faut s'arrêter pour ne pas carboniser le sucre. On en prélève au besoin un échantillon de temps à autre pour juger de l'état de la masse.

Quand le caramel est cuit à point, on y ajoute peu à peu de l'eau chaude sans cesser de chauffer, et en agitant très vivement. On évite ainsi de refroidir brusquement le caramel qui sans cela se prendrait en masse difficile à redissoudre. Il y a là un tour de main spécial. Quand le caramel est ainsi délayé on y ajoute de l'eau de façon à obtenir 100 litres de solution.

Ce caramel est mis à déposer dans des cuves en bois où il reste plusieurs semaines. On le soutire ensuite et on y ajoute le 1/10 de son volume de rhum puis on l'envoie dans des fûts spéciaux où on le laisse en repos plusieurs mois avant l'emploi.

Densité du produit 1,26 environ. On l'emploie ordinairement à la dose de 1 litre à 1 litre 1/2 par fût de 250 litres de rhum.

Il est à remarquer que ce caramel, excellent pour les rhums ordinaires des Antilles françaises qui sont à 55° centésimaux, ne vaut absolument rien pour les rhums à haut degré de Demerari qui marquent 82° nets environ ; il faut pour ceux-là un caramel spécial dont il sera parlé plus loin.

CHAPITRE II

PRODUITS OBTENUS AVEC CES MATIÈRES PREMIÈRES

Les produits obtenus doivent être divisés en deux catégories.

Le rhum d'habitant.

Le rhum industriel ou rhum d'exportation.

RHUM D'HABITANT

Ce rhum est obtenu au moyen du vesou ordinaire ou au moyen du vesou cuit (sirop batterie) et exceptionnellement au moyen de gros sirop.

Il est produit dans de petites rhummeries dites rhummeries agricoles dont le propriétaire ou *habitant* (¹) exploite par lui-même sa récolte de cannes. Ces rhummeries sont situées dans le voisinage d'une chute d'eau employée comme force motrice pour le moulin à cannes. Elles sont nombreuses mais peu importantes ; beaucoup ne font que 5 à 600 litres de rhum par jour (et même moins) pendant 7 à 8 mois

---

(¹) On appelle *habitant* aux Antilles le propriétaire agricole cultivant ses terres et exploitant par lui-même ses récoltes. L'ensemble des terres et bâtiments de la propriété s'appelle habitation.

de l'année et quelques-unes seulement font journellement 800 à 1000 litres.

La matière première est le vesou cru ou cuit, quelquefois, sur la propriété (habitation), on fait aussi du sucre brut ; dans ce cas on utilise également le gros sirop pour préparer du rhum, lequel est le plus souvent vendu aux exportateurs pour être mélangé au rhum d'exportation dont il se rapproche beaucoup plus que du vrai rhum d'habitant.

Les *rhums de vesou*, récents ou conservés en verre, possèdent un arome suave tout particulier, rappelant l'odeur que l'on respire auprès d'un moulin à canne en activité. Ce rhum est certainement, pour un connaisseur, de beaucoup supérieur à tous les autres. Cependant il se vend meilleur marché et sa production est beaucoup moins importante que celle du *rhum de mélasse* (rhum d'exportation).

Le *rhum d'habitant*, surtout celui de vesou cru, est entièrement consommé sur place ; (la consommation locale *officielle* est d'un peu plus de 3.000.000 de litres de rhum à 55° Gay-Lussac nets), le créole avec infiniment de raison préférant le rhum d'habitant au rhum industriel.

Les rhummeries agricoles ne travaillent donc guère que pour la consommation locale [1]. Cela tient

---

[1] Sauf deux ou trois qui expédient en France d'excellents produits *mis en bouteilles* à la Martinique même et scellés d'une bande de garantie d'authenticité portant la marque du syndicat agricole de la Martinique, mais ces excellents produits sont à peu près inconnus du public.

à ce que les grands importateurs de rhum en France ne veulent pas du rhum d'habitant parce que, disent-ils, le public n'en voudrait pas. Il est certain que ces rhums fins ne ressemblent guère aux affreux mélanges qui sont journellement vendus au public en France sous le nom de rhum avec des marques et étiquettes étonnantes. Cependant il n'en est pas moins vrai que le public n'ayant jamais eu d'autre rhum que celui qui lui est vendu comme tel en France, pense que tout bon rhum est ou doit être ainsi, et n'en demande pas d'autre. Mais depuis des années, j'ai pu me convaincre que presque tous les Européens qui avaient eu l'occasion de connaître le rhum de vesou de nos Antilles le trouvaient bien supérieur à celui du commerce.

Les importateurs disent également que le rhum de vesou ne se conserve pas; c'est là une erreur; comment se pourrait-il d'ailleurs que de l'alcool à 55° ne se conservât pas?

Ce qui est vrai, c'est que le bouquet du rhum de *vesou cru* change au bout de quelques années de fût et se rapproche beaucoup de celui des vieilles eaux-de-vie de vin, tout en restant distinct.

Le bouquet du *rhum de vesou cuit* s'affine beaucoup par le vieillissement en fût et prend le caractère d'excellent vieux rhum sans acquérir cette affreuse odeur que le public caractérise en France par le nom de *savate* et que possèdent presque tous les rhums qui lui sont vendus comme vieux.

On peut donc dire que si le rhum de vesou cru est préférable pour la consommation immédiate, celui de vesou cuit est le premier de tous pour le vieillissement en fût.

La raison la plus sérieuse et sans doute la seule de l'ostracisme des importateurs contre les rhums de vesou est, je crois pouvoir l'affirmer, que ces rhums ne supportent pas aussi facilement la sophistication. Ils sont trop fins, leur parfum n'est pas assez violent pour supporter sur une vaste échelle le coupage avec les alcools de grains ou de betteraves. Au contraire, en employant les rhums d'exportation à fort arome que produit l'industrie rhummière à la Martinique *à la demande des importateurs* (qui jamais ne trouvent l'arome assez corsé), ils peuvent avec un seul fût de ces rhums et de l'alcool du Nord qui d'ailleurs n'a pas besoin d'être très fin, produire 4 à 5 fûts (et *souvent* plus) d'alcool vendu comme rhum de la Martinique.

Bien heureux encore sont les consommateurs quand certains industriels, sous le nom de *vieux rhum*, ne leur vendent pas des produits additionnés d'essences fabriquées à Hambourg ou de sauces dans lesquelles entrent les rognures de cuir et une foule d'autres ingrédients.

Ces pratiques frauduleuses qui sont courantes portent le plus grand tort *d'abord* au public à qui elles font absorber des alcools bien plus *nuisibles à la santé* que le rhum naturel, *puis* à tous les rhummiers des Antilles dont elles déprécient la qualité de leurs produits en empêchant l'excellent rhum d'habitant d'arriver en France. Enfin elles avilissent le prix de vente des rhums, en causant de l'encombrement sur les marchés, conséquence de demandes plus restreintes.

On conçoit en effet que telle quantité de rhum suffise aujourd'hui à la consommation en France, alors que sans la fraude dont je viens de parler il eût fallu pour satisfaire *à cette même consommation* une quantité de 4 à 5 fois supérieure.

Nul doute pour moi que la crise très dure que subit depuis plus de deux ans l'industrie rhummière [1], et par contre-coup l'industrie sucrière aux Antilles françaises, ne soit en grande partie due à ces singulières pratiques.

L'exportation vers la France n'ayant pas augmenté depuis quinze ans aux Antilles et dans les divers pays producteurs, ce n'est pas elle qui a causé l'encombrement des marchés.

D'autre part il me paraît fort difficile d'admettre que ceux-là qui pendant ces 15 dernières années consommaient le rhum introduit en France, aient cessé tout à coup d'en boire parce que le droit sur ce liquide [2] a augmenté de 0 fr. 32 par litre de rhum à 45°.

---

[1] Au courant de l'année 1902, le rhum d'habitant valait 0 fr. 18 le litre et celui d'exportation 0 fr. 23 environ à 55°

[2] Le rhum vendu chez tous les détaillants marque très rarement plus de 45 à 46°.

Il est vivement à désirer que des mesures administratives habiles et fermes puissent arriver à empêcher que l'on vende comme rhum Martinique un produit factice ou dans lequel le rhum naturel n'entre que pour une petite partie.

RHUM D'EXPORTATION OU RHUM INDUSTRIEL

Ce rhum, produit au moyen de la mélasse, se distingue des autres rhums par son arome spécial bien plus intense. Ce rhum étant recherché par les importateurs pour en faire des coupages avec de l'alcool du Nord, les rhummiers industriels qui le produisaient (¹) étaient obligés de le produire aussi odorant que possible alors que même avec la mélasse ils pouvaient obtenir des rhums assez fins.

Le rhum d'exportation était produit par les grandes rhummeries dites industrielles installées à Saint-Pierre. Ces rhummeries achetaient aux usines à sucre de la Martinique et de la Guadeloupe la mélasse qu'elles employaient.

Aux Antilles le rhum exporté est naturel surtout le

(¹) Il convient d'écrire *produisaient*, car toutes les rhummeries industrielles situées à Saint-Pierre ont disparu dans la terrible catastrophe qui anéantit cette ville le 8 mai 1902. Ce sont les fabricants de sucre munis d'installation pour brûler leurs mélasses qui les remplacent actuellement. Quelques-uns avaient déjà de puissants appareils distillatoires comme M. Hayot au Petit-Bourg (Sud de la Martinique

rhum nouveau; on n'emploie pas de sauces, mais tout le rhum exporté est, aussitôt sorti de l'appareil distillatoire, coloré par du caramel, et cela à la demande expresse des importateurs. Quelquefois le rhummier ajoute à son rhum (pour certaines marques) un peu de sirop de sucre, un litre pour 3oo litres, parfois aussi, quoique rarement, quelques gouttes d'ammoniaque (10 à 15 grammes par fût de 3oo litres). Cela est d'ailleurs absolument inoffensif. C'est en France que se fait la cuisine du rhum mais pas aux Antilles. Je pourrais citer un grand rhummier de la Martinique à qui des importateurs peu scrupuleux avaient proposé d'ajouter au rhum qu'ils lui achetaient des essences envoyées par eux de France avec mode d'emploi, et qui a refusé de participer à cette fraude !

Il est à noter que l'on n'importe pour ainsi dire pas du tout de vieux rhum des Antilles françaises bien que le rhum vieillisse très vite en fût dans les pays chauds et y devienne bientôt excellent. Mais il subit de ce fait une perte assez forte par évaporation. Cette perte, cumulée avec l'intérêt du capital engagé, oblige à vendre le vieux rhum bien plus cher. Aussi les importateurs n'en veulent pas ; ils trouvent bien plus avantageux de le vieillir eux-mêmes de toutes pièces ; c'est alors qu'intervient le cuir rapé, le brou de noix, l'ambrette, la coque d'amandes, le cachou, le baume du Pérou ou de Tolu, et même le goudron, etc., etc.

Quelle différence cependant entre ce rhum et le rhum naturel vieilli en fûts !...

Les rhummeries industrielles, les seules [1] qui fabriquaient le rhum d'exportation, étaient toutes situées à Saint-Pierre, et elles avaient des approvisionnements de mélasse leur permettant de fabriquer toute l'année.

Toutes *ces rhummeries ont disparu dans la catastrophe de Saint-Pierre.*

Pour montrer leur importance je vais les citer *toutes* :

1º Les deux rhummeries Lasserre pouvant fabriquer ensemble 11 000 litres de rhum par journée de douze heures [2].

2º Les deux rhummeries Knight (sénateur de la Martinique) pouvant fabriquer 9 000 litres pendant le même temps.

3º Les quatre rhummeries Berthé, (G. Berthé — ARVD — HR — RF) pouvant également fabriquer ensemble 9 000 litres par jour.

4º La rhummerie R. Dupouy et Cie pouvant produire 6 000 litres par jour.

5º La rhummerie Borde frères, près Saint-Pierre, installée pour obtenir 8 000 litres par jour mais pro-

---

[1] A l'exception de quelques usines à sucre transformant elles-mêmes en rhum tout ou partie de leurs mélasses. La plus importante de celles-ci est celle de M. Hayot au Petit-Bourg (Sud de la Martinique).

[2] Dans aucune des rhummeries de Saint-Pierre on ne travaillait la nuit.

duisant à l'ordinaire à peine la moitié de cette quantité.

6° La rhummerie Mayer (ancienne rhummerie Hurard) 3 500 litres par jour.

7° La rhummerie Beaupré fils, 3 000.

Puis les rhummeries bien moins importantes de Blaisemont, A. P. Rousseau (Ernoul successeur), Clanis, Rousseau aîné, Ninet père, Isnàrd, et enfin celle de Chatenay (Saint-Val-Coipel).

D'après des renseignements fournis par M. Dubois, chef des Contributions à la Martinique, on peut normalement évaluer la production totale des usines ci-dessus à 11 720 000 litres de rhum à 55° ce qui en raison de 280 jours ouvrables (au plus) par an, correspondrait à 42 000 litres par jour en nombres ronds.

A mon avis, la valeur de ces rhummeries, *abstraction faite du rhum en magasin* (car l'on en gardait le moins possible) *et des approvisionnements de mélasse impossibles à préciser* pouvait sans exagération être estimée à 6 000 000 de francs environ.

Toutes ces rhummeries m'étaient bien connues; mais il est entendu toutefois que je ne donne leur valeur que comme approximative.

Par l'énoncé ci-dessus, on voit qu'il y avait beaucoup moins de producteurs de rhum industriel à Saint-Pierre [1] qu'on ne pourrait le supposer d'après

---

[1] En dehors de Saint-Pierre le rhum industriel n'est fabriqué à la Martinique que par quelques usines à sucre.

Ce sont les usines Génipa à M. Hayot au Petit-Bourg et les usines les marques apposées sur les fûts arrivant dans nos ports. Nombre d'importateurs, dans le but de se faire passer pour producteurs de rhum, faisaient, au moyen de plaques fournies par eux, apposer à la Martinique même des marques à leur nom sur les fûts qu'ils achetaient; d'autres importateurs avaient donné à leur vendeur de rhum une procuration spéciale, et le rhum était expédié par lui comme si la maison importatrice s'expédiait à elle-même le produit de ses rhummeries!

J'ajouterai que par suite du bas prix des rhums, presque toutes les rhummeries, depuis le commencement de 1901, avaient réduit considérablement leur production normale. Plusieurs étaient même provisoirement fermées. D'autre part, et comme conséquence de cet avilissemeut des cours, le prix des mélasses étant devenu très bas (o fr. 3o les 4 litres au lieu de 1 fr. 20 à 1 fr. 3o à la fin de 1899) plusieurs usiniers (c'est-à-dire fabricants de sucre) trouvaient plus avantageux de distiller eux-mêmes tout, ou partie de leur mélasse (selon leur installation) que de les vendre. Telles sont les usines Gradis, Vivé, Lareinty,

---

de la Soudon, de Larcinty, de Sainte-Marie, de Vivé et de Gradiss, à la Basse-Pointe, qui possèdent chacune une rhummerie. La rhummerie de Génipa, établie depuis une dizaine d'années, est très importante ; elle fabrique 14 000 litres par jour, pendant huit mois de l'année, soit près de 3 000 000 de litres par an. Les autres toutes ensemble eu fabriquent à peine autant. Les usines Gradis et Vivé, situées au Nord de l'île, ont été très éprouvées par le volcan, et nul ne sait si le travail y pourra reprendre. Aujourd'hui 8 août 1902 la chose paraît à peu près impossible.

Soudon, Sainte-Marie (Voy. la note de la page précédente).

A la Guadeloupe, la plus grande rhummerie est celle jointe à l'usine Darboussier à la Pointe-à-Pitre (Souque et Cie) qui produit environ 9 000 litres par jour pendant six à sept mois de l'année.

———

CHAPITRE III

MATÉRIEL ET INSTALLATION DES RHUMMERIES

RHUMMERIES AGRICOLES, LEUR OUTILLAGE

Le matériel d'une rhummerie agricole se compose :

1° D'un moulin à cannes ;

2° De cuves de fermentation ;

3° D'un appareil distillatoire.

Ce matériel suffit si la rhummerie ne travaille que le vesou cru, mais si elle travaille le vesou cuit (sirop batterie) elle devra en outre être pourvue d'une batterie, c'est-à-dire d'une série de chaudières spéciales dans lesquelles le vesou sera déféqué puis concentré au degré voulu.

Moulin. — Le moulin employé est à 3 cylindres *primitivement verticaux* ainsi qu'on peut le voir sur la figure 2 où est représenté un ancien moulin à moteur animal et aussi sur la figure 6 qui représente un moulin *vertical* hydraulique, lequel, bien que depuis fort longtemps abandonné, existait encore il y a une dizaine d'années dans une petite et antique sucrerie des environs de Saint-Pierre, détruite par le

cyclone de 1891. Ces moulins verticaux étaient
extrèmement défectueux, aussi depuis très longtemps

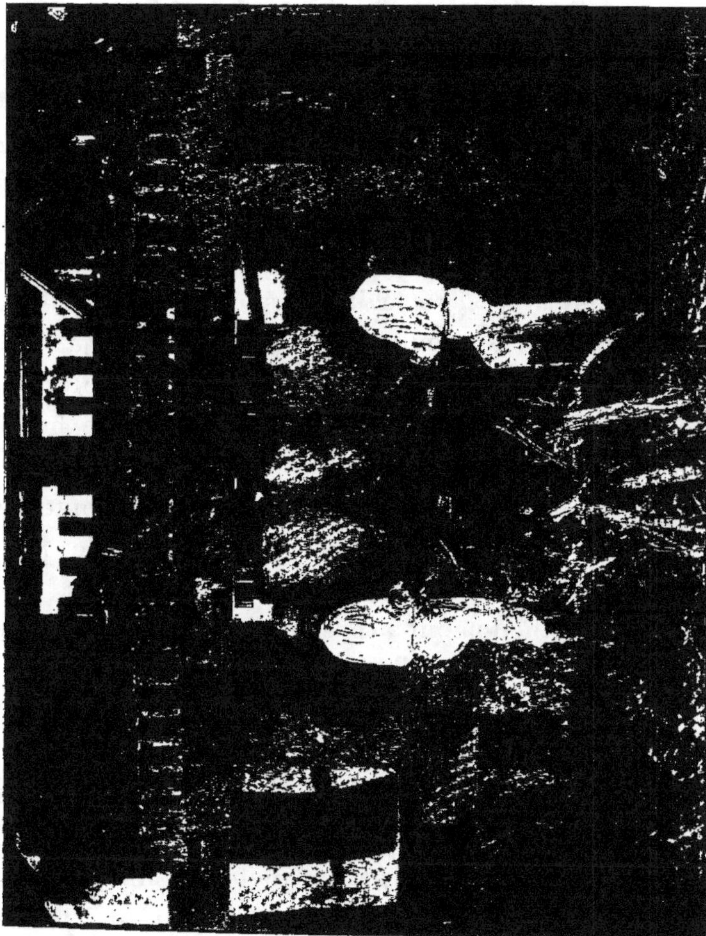

Fig. 6. — Ancien moulin vertical pour cannes à sucre.

ils ont été remplacés par des moulins à cylindres
horizontaux disposés en triangles et bien construits

Ces moulins sont presque toujours mus par un moteur hydraulique. Les cannes sont jetées à la main entre les cylindres; la canne pressée ou *bagasse* sort de l'autre côté; elle est mise à sécher pour servir de combustible à l'appareil distillatoire (quatre à six personnes suffisent à la manœuvre). Le vesou s'écoule des cylindres et tombe dans une rigole qui le conduit dans un bac après avoir traversé plusieurs toiles métalliques qui retiennent les débris de canne échappés au moulin. Une série de conduites en bois à sections carrées, répartit le vesou dans les cuves de fermentation. Le moulin, ainsi que je l'ai déjà dit à l'article *vesou*, est d'une puissance insuffisante; on perd ainsi du jus et par conséquent on laisse beaucoup de sucre dans la bagasse [1]. Cela tient à ce que dans les Antilles le pays est fort accidenté, et que les petites rhummeries étant situées le plus souvent au milieu des hauteurs de l'île en des endroits difficilement accessibles, les transports y sont très onéreux, et l'usage de la houille, qui permettrait l'emploi de moteurs à vapeur et de moulins puissants, entraînerait des frais excessifs hors de proportion avec le bénéfice résultant d'un plus fort rendement de la canne en jus.

Pour atténuer cette perte quelques distillateurs pratiquent la *repression*, c'est-à-dire qu'aussitôt la bagasse sortie du moulin, ils l'arrosent avec de l'eau

---

[1] Voir article vesou.

et la font repasser entre les cylindres. Malgré cela,
la bagasse même repressée conserve encore une
forte proportion de sucre.

Fig. 7. — Moulin horizontal.

Cuves et ateliers de fermentation. — D'une façon
générale on peut dire que cette partie des rhummeries qui en est la partie capitale et qui par conséquent

devrait en être la plus propre et la plus soignée en est au contraire la plus négligée. Il semble que l'atelier de fermentation et ses cuves soient une partie accessoire dans l'élablissement.

Le magasin à rhum est très propre, le ou les appareils distillatoires reluisants, mais très souvent l'atelier est mal éclairé, trop petit, sans aération. Parfois les cuves se touchent, et il est impossible d'en faire le tour. Les planches situées à mi-hauteur des cuves, pour permettre de circuler, sont assez souvent recouvertes d'une couche de terre qu'y ont laissée les pieds. Les cuves elles-mêmes sont parfois enduites à la partie supérieure, de dépôts laissés par les moûts qui ont débordé. Enfin le sol est formé de terre battue perméable aux liquides sucrés qui y tombent et s'acétifient.

Dans toutes les rhummeries, la distribution du moût dans les cuves est faite au moyen de conduites en bois dont la forme carrée est déplorable, car elle se prête peu au nettoyage. Au-dessus de chaque cuve la conduite est percée d'un trou fermé par un tampon de bois souvent recouvert de linge. On enlève le tampon de bois au moment voulu pour remplir la cuve.

Ces faits se passent de commentaires et montrent mieux que tout ce que l'on pourrait dire, l'ignorance profonde où sont les distillateurs des principes les plus élémentaires de la fermentation. J'ajouterai à leur décharge que dans les pays étrangers, Antilles anglaises, etc., on n'est pas plus avancé.

Les cuves sont en général très petites (on affectionne les petites cuves à la Martinique) ; il en est de 400 litres seulement ; d'autres de 500, 700, 900, 1 200 et rarement 2 000 ou 2 500 litres. Celles-là sont considérées comme grandes.

A la Martinique les cuves sont toujours couvertes, elles sont au contraire découvertes à la Guadeloupe.

Appareils distillatoires employés. — Ces appareils sont *intermittents*. Comme ils étaient également employés dans plusieurs grandes rhummeries industrielles concurremment avec les appareils *continus*, ils seront décrits plus loin avec ces derniers, afin d'éviter des répétitions. (Voir p. 64.)

RHUMMERIES INDUSTRIELLES, LEUR OUTILLAGE

A quelques détails près, l'installation des grandes rhummeries de Saint-Pierre si tragiquement disparues, était la même partout.

L'outillage se composait :

1° D'un dépotoir ou réservoir, ordinairement en maçonnerie et destiné à recevoir la mélasse arrivant des usines à sucre.

2° D'un ou plusieurs bacs en tôle situés à quelques mètres de hauteur et destinés à recevoir la mélasse extraite des réservoirs à l'aide de pompes, pour, de là, au moyen de tuyautages appropriés, être distribuée dans la rhummerie selon les besoins.

3° D'une fosse à « composition ».

Cette fosse est destinée à faire le mélange de la mélasse avec l'eau et la vinasse. Ce mélange aux Antilles s'appelle « composition ».

4° De réservoirs à vinasse.

5° D'un ou plusieurs ateliers de fermentation.

6° D'appareils distillatoires.

7° D'un collecteur mesureur de tafia.

8° D'une batterie de pompes pour l'eau, la mélasse, la composition et le moût fermenté à distiller (grappe).

9° D'un moteur à vapeur actionnant ces diverses pompes. (Voir fig. 9.)

Dépotoir ou réservoir à mélasse et bacs en tôle. — En parlant de la mélasse ([1]), il a déjà été question des citernes ou bacs ; j'ai dit le peu de soins avec lequel la mélasse y était conservée ; il est inutile d'y revenir.

Fosse à composition. — Cette fosse avait quelques mètres cubes de capacité, selon l'importance de la rhummerie ; elle était rectangulaire, les parois en étaient cimentées et, très souvent, ce qui est déplorable, recouvertes de bois. Les dimensions les plus usuelles étaient : longueur 2^m,5o ; largeur 1 mètre à 1^m,5o ; profondeur 1^m,5o.

Cette fosse, ainsi qu'il vient d'être dit, servait à

([1]) Voir article mélasse, page 19 et suivantes.

faire le mélange de la mélasse, de l'eau et de la vinasse destiné à être mis en fermentation, mélange que dans le pays on appelle « *composition* ».

Dans les petites rhummeries le mélange se faisait

Fig. 8. — Atelier A. Lasserre.

à bras au moyen de bâtons. Dans les grandes, il était fait au moyen d'un moulinet mécanique qui brassait le tout.

Réservoir à vinasse. — En parlant de la vinasse comme matière première, il a déjà été question de ces réservoirs à vinasse qui sont ordinairement construits en maçonnerie et parfois en bois, ce qui est encore pis.

Ces réservoirs sont très souvent insuffisants comme appareils de refroidissement. Des réfrigérants tubulaires en étain ou en cuivre étamé seraient bien préférables, et auraient de plus l'avantage de mettre la vinasse à l'abri des poussières de l'air et des bacilles de toutes sortes.

Ateliers de fermentation. — Ce que j'ai dit des ateliers de fermentation des rhummeries agricoles, s'applique presque entièrement aux rhummeries industrielles. Je pourrais à peine citer deux rhummeries de Saint-Pierre dont l'atelier était réellement bien tenu (voir fig. 8); encore le sol en était-il formé par un plancher de bois, ce qui était défectueux. Le système de distribution de la composition dans les cuves, au moyen de conduites en bois à section rectangulaire, y était aussi employé. De plus, il était très fréquent dans ces grandes rhummeries que deux et même trois étages de cuves y fussent superposés, séparés simplement par des planchers à jour. Rien n'était plus mauvais. Avec ce système, il était impossible de laver le plancher d'un étage ni les cuves du haut sans risquer d'infecter les cuves inférieures, si pour une cause quelconque une cuve du haut avait présenté une fermentation vicieuse.

Cette singulière disposition des cuves était la conséquence de leur petitesse qui forçait à les multiplier outre mesure ; dès lors, elles occupaient une surface excessive et l'espace manquant, on avait dû les éta-

ger les unes sur les autres dans nombre de rhummeries.

Fig. 9. — Pompes de la rhummerie A. Lasserre.

Ce qui étonnait en effet le plus celui qui visitait
pour la première fois une de ces grandes rhumme-

ries, était justement cette multiplicité des cuves, conséquence de leur exiguité. Certaines distilleries avaient jusqu'à 400 cuves et plus encore. Il y en avait de toutes les dimensions depuis 400 litres jusqu'à 2 000 et 2 500 litres, grandeur rarement dépassée, cette dimension étant considérée comme grande. Les cuves de 700, 900 et 1 200 litres étaient les plus usitées. Les distillateurs martiniquais ont en effet une préférence très marquée pour les petites cuves [1], malgré leurs nombreux inconvénients : plus grande sensibilité aux influences atmosphériques en raison de leur faible masse ; encombrement considérable, conséquence de leur multiplicité [2] ; augmentation très notable de la main-d'œuvre, enfin impossibilité d'être maître de sa température au moyen de serpentins refroidisseurs mobiles, à cause de la dépense occasionnée par ce système appliqué à une infinité de cuves.

Cette préférence bizarre s'explique jusqu'à un cer-

------

[1] Cependant, au Petit-Bourg, M. Hayot n'emploie que des cuves de 10 000 litres.

[2] Les chiffres suivants montrent bien à quel point l'exiguité des cuves oblige à en augmenter démesurément le nombre.

Supposons une petite rhummerie fabriquant seulement 1 000 litres par jour. A la Martinique on compte en général qu'il faut pour cela distiller chaque jour 12 000 litres de moût fermenté ou grappe.

Chaque jour également il faudra préparer et répartir dans les cuves 12 000 litres de composition.

Supposons en outre que la fermentation dure seulement cinq jours ; ce qui est un minimum à la Martinique pour les moûts de mélasse.

Si l'on emploie des cuves de 12 000 litres, il est facile de voir que

tain point par la façon locale d'opérer. J'y reviendrai plus loin. J'ajouterai qu'il n'est pas rare de voir dans une même distillerie et souvent dans le même atelier, des cuves de différentes grandeurs.

Bien des ateliers, même dans les plus grandes rhummeries de Saint-Pierre, étaient fort mal aérés par suite de cette habitude de ménager le plus possible les ouvertures afin d'éviter des changements de température dans ces petites cuves pendant la nuit. Comme preuve, je pourrais citer une salle quatre fois plus longue que large, dans laquelle il y avait constamment 791 hectolitres de moût, répartis en une quantité de petites cuves dans lesquelles la fermentation durait cinq jours. Cet atelier était en fonctionnement continu, de sorte que chaque jour il fournissait environ 1 200 litres de rhum à 55°. Par conséquent, il sortait chaque jour des cuves 233,9 $\times$ 1 200 = 280 700 litres ou (en nombres ronds)

---

6 suffiront. En effet on en remplira une le 1er jour, une le 2°, une le 3°, une le 4°, une le 5°, et une le 6° jour.

En effet, ce jour-là, la fermentation sera terminée dans la 1re cuve qui sera distillée, mais ne sera disponible que le lendemain.

De même :

Si l'on emploie des cuves de 6 000 litres, on voit qu'il en faudra   12
    »   4 000   »   18
    »   2 000   »   36
    »   1 000   »   72
    »   700   102 !

Il en faudrait 119 si la fermentation durait six jours, et 131 si elle en durait sept, ce qui n'est pas rare.

281 mètres cubes d'acide carbonique supposés secs à + 28 et à 760 [1].

Or cet atelier qui ne cubait que 600 mètres cubes, n'était aéré que par deux petites fenêtres de 0^m, 50 sur 0^m, 50, situées sur un des grands côtés et par la paroi antérieure qui donnait sur un couloir. On voit ce que devait être l'atmosphère de cet atelier ! !

A maintes reprises, pendant mon séjour à Saint-Pierre, j'ai insisté auprès des rhummiers pour les amener à faire des améliorations peu coûteuses et à prendre quelques mesures très simples pour obtenir une installation plus rationnelle de leurs ateliers. Je n'ai rien obtenu ; la routine étant plus forte que tout raisonnement. Dans une conférence faite à Saint-Pierre en août 1900 et dans une brochure rédigée et publiée par ordre du Gouverneur de la colonie en février 1902 [2], je disais à ces distillateurs :

« Votre atelier doit être vaste et bien aéré ; les ouvertures disposées cependant de façon à être en

---

[1] Il est bon en effet de ne pas perdre de vue que la quantité d'acide carbonique qui se produit dans une fermentation alcoolique est presque égale *en poids* à celui de l'alcool formé (96 p. 100). Or un litre d'alcool pur à 100° pesant 794 gr. 3, sa production donnera forcément naissance à 794,3 × 0,96 = 762 gr. 528 d'acide carbonique, ou $\frac{762,528}{1,977}$ = 385 l. 7 de ce gaz (1,977 étant le poids d'un litre d'acide carbonique à 0° et à 760), et pour 1 litre d'alcool à 55° centésimaux 385,7 × 0,55 = 212 l. 1 de gaz carbonique à 0° et 760; ou (212,1 + 0,00367 × 28) = 233,9. Or 233,9 × 1 200 = 280 680 litres, ou 280 mc. 7 et en nombres ronds 281 mètres cubes.

[2] Notions élémentaires et pratiques sur la fermentation. Fort-de-France, imprimerie du Gouvernement, février 1902.

grande partie fermées la nuit, afin d'éviter le refroidissement des cuves toujours possible quand elles sont très petites comme celles de ce pays (¹). Le sol de l'atelier doit être cimenté et en pente au milieu, afin de faciliter l'écoulement des liquides, et de façon que si de la composition vient à tomber à terre, quelques seaux d'eau en aient de suite raison, sans qu'elle puisse s'infiltrer dans le sol, s'acidifier ou se putréfier et répandre dans tout l'atelier des germes malfaisants.

« Les cuves doivent toujours être placées sur un seul étage et disposées de façon à ce que l'on puisse circuler autour d'elles.

« Il est nécessaire que les murs, poutres et plafonds de l'atelier soient de temps à autre passés au lait de chaux. Il est également nécessaire que l'extérieur des cuves soit tenu aussi propre que l'intérieur. Laver de même à la brosse les couvercles des cuves. Enfin, il faut redoubler de soins si une cuve a présenté une fermentation vicieuse, la laver à l'eau de chaux, puis à l'acide sulfurique étendu au 1/50, enfin à grande eau. La forme carrée des conduites en bois employées pour amener la composition dans les cuves est défectueuse, car la brosse ne peut en atteindre les angles et il s'y forme des foyers

---

(¹) Des cuves de 10, 12 000 litres et au delà peuvent sans inconvénient aux Antilles être placées en plein air ou sous un simple toit.

(²) On voit fort bien ces conduites en bois courant au-dessus des cuves dans la figure 8, p. 57.

d'infection. Ne laissez jamais aucun moût dans la fosse à composition pendant la nuit, etc. »

On voit par ces recommandations combien l'installation des ateliers de fermentation était défectueuse à Saint-Pierre et il en est de même un peu partout ailleurs.

Appareils distillatoires. — Les appareils employés aux Antilles sont à peu près tous fabriqués dans le pays. Ils sont intermittents ou continus. Les derniers sont employés par les grandes rhummeries et les premiers surtout par les petites rhummeries agricoles. Toutefois, dans nombre de rhummeries industrielles, on employait encore concurremment les deux sortes d'appareils, les petits appareils intermittents donnant des produits plus odorants qui étaient mélangés à ceux des appareils continus afin d'obtenir certaines marques de rhum.

Les appareils intermittents appartiennent tous à deux types ; le type P. Labat, le type Privat plus ou moins modifié.

Appareil du père Labat. — Cet appareil est attribué faussement au P. Labat, car on a vu dans la partie historique de ce livre qu'à son époque la distillation se faisait en deux temps, c'est-à-dire par repasse ; on n'employait donc que des appareils simples.

Cet appareil (voy. fig. 7) se compose d'une chaudière plate chauffée à feu nu, surmontée d'un cha-

Fig. 10. — Appareil du père Labat.

piteau volumineux et assez haut, en forme de cône.

Ce chapiteau est renflé au tiers inférieur, puis rétréci pour s'adapter à la chaudière ; la partie supérieure est allongée et communique par un col de cygne avec une sorte de cuve en bois close et munie de deux tubulures à la partie supérieure. Ce récipient de bois est placé à un niveau plus élevé que celui de la chaudière ; un tube de trop-plein placé à 15 centi-mètres de la base et communiquant avec la chaudière au fond de laquelle il plonge, permet la rétrograda-tion dans celle-ci du liquide condensé, lorsqu'il dépasse le niveau voulu. Les deux tubulures de la partie supérieure de ce récipient reçoivent : l'une le col de cygne amenant les vapeurs alcooliques, (ce tube plonge jusqu'au fond) l'autre, un tuyau condui-sant ces vapeurs à un serpentin réfrigérant, lequel ne présente d'ailleurs rien de particulier. Au début de l'opération, on verse du moût fermenté dans le réci-pient de bois jusqu'à la hauteur du trop-plein. Pour les distillations suivantes, on remplace le moût par de l'eau alcoolisée provenant d'une opération précé-dente.

Appareil Privat. — Cet appareil est notablement différent du précédent. La chaudière est moins plate et son couvercle surélevé est surmonté d'une sorte de courte colonne contenant seulement deux pla-teaux que l'on peut au moyen d'un tube latéral à en-tonnoir et robinet, remplir jusqu'à une hauteur voulue. Cette hauteur est réglée par un tube de niveau qui sert également d'indicateur de pression pendant la marche de l'appareil.

Fig. 11. — Appareil Privat. Rhummerie agricole près Saint-Pierre.

La colonne dépasse de 40 centimètres environ le

Fig. 12. — Appareil Privat modifié.

dernier plateau et se termine par une section plane à bords un peu relevés et du centre de laquelle part un

Fig. 13. — Colonnes de la rhummerie R. Dupuy et Cie.

tube se rendant au serpentin refroidisseur. C'est là
tout l'appareil.

Mais, chose essentielle à ajouter, pendant toute la distillation un courant d'eau amené par une conduite spéciale coule sur le sommet du cylindre et se déverse sur les parois où il est arrêté à 20 ou 25 centimètres du sommet, par une gouttière circulaire munie d'un tube de déversement qui conduit l'eau au dehors.

Dans les anciens appareils, comme celui de la figure 11 ci-dessus, la gouttière remonte en s'évasant le long du cylindre dont elle dépasse même la hauteur formant ainsi une sorte de réservoir d'eau, parfaitement inutile d'ailleurs. Il suffit en effet que le courant d'eau soit plus ou moins rapide ; on en règle la vitesse d'après le degré de l'alcool à obtenir.

Cet appareil est très répandu dans les rhummeries agricoles de la Martinique, plus même que le précédent auquel il est comparable pour la qualité des produits.

C'est avec un appareil analogue dont la chaudière avait 500 litres de capacité utilisable que j'ai fait mes expériences sur le parfum des rhums obtenus en levure pure. (Voir fig. 12.)

Avec ces appareils intermittents, le premier alcool qui passe est à 80-85° centésimaux, le degré baisse ensuite peu à peu ; on arrête lorsqu'il tombe à 30° environ. Le tout mélangé donne du rhum à 55° nets.

Le liquide alcoolique qui passe ensuite a une richesse moindre que 30° (petites eaux), il est mis à part pour charger l'appareil dans une opération suivante.

Appareils continus. — Les appareils continus employés aux Antilles ne diffèrent les uns des autres que par quelques modifications de détail portant surtout sur la chaudière.

Un bac, situé à la partie supérieure du bâtiment contenant l'appareil distillatoire, reçoit la grappe

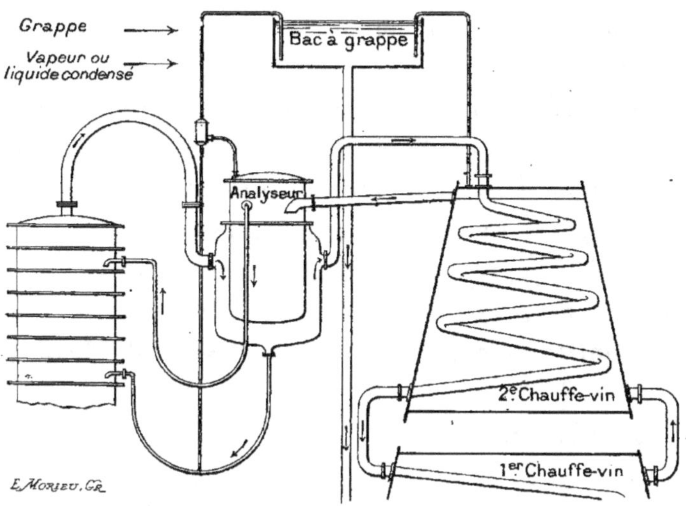

Fig. 14. — Partie supérieure d'appareil continu pour la distillation des rhums.

(moût fermenté) qui lui est envoyée par une pompe spéciale. De ce bac, le liquide à distiller descend à la partie inférieure du moins élevé de deux chauffe-vins superposés, communiquant l'un avec l'autre, et traversés par un serpentin recevant la vapeur sortant de la colonne distillatoire avant son passage au réfrigérant.

La grappe en sortant du chauffe-vin supérieur se rend dans une sorte de condenseur ou d'analyseur chauffé extérieurement par la vapeur sortant de la colonne ; de là par un tube latéral, la grappe se répand de plateau en plateau, tandis que la vapeur suit un trajet inverse comme dans tous les appareils continus. Les plateaux sont en général au nombre de 12 ou 15, munis chacun de 5 calottes très simples et d'un plongeur.

Arrivée au bas de la colonne, la grappe se rend dans la chaudière placée en contre-bas, au moyen d'un tube plongeant jusqu'au fond de celle-ci.

Ces appareils sont très robustes et ne nécessitent pas de fréquents nettoyages malgré les dépôts parfois importants que les moûts de mélasses de cannes laissent sur les plateaux. On les règle de façon à ce que le rhum coule à 60° apparents (t = 28) soit 55° nets environ.

La chaudière de ces appareils varie selon les rhummeries : tantôt c'est celle de l'appareil Labat avec son chapiteau particulier, dont le col très recourbé s'engage dans la base de la colonne distillatoire, tantôt la chaudière est semblable à celle de l'appareil Privat (voy. fig. 13, colonne Dupouy) ; son couvercle porte un dôme qui se réunit par un col de cygne avec la colonne.

Le plus souvent, la chaudière est double, quelquefois, mais rarement triple. Les chaudières ont alors la forme de cylindres horizontaux (voir fig. 15 rhummerie Ernoult) de $1^m,25$ de diamètre et $2^m,50$ à 3 mètres

Fig. 15. — Rhummerie Auguste Privette-Rousseau.
Louis Ernoult, successeur.

de long ; elles sont placées à des plans un peu différents de façon à ce que la vinasse passe de l'une à l'autre à mesure que le niveau baisse dans la chaudière la plus basse qui est chauffée à feu nu. Cette dernière chaudière est munie d'un tube de sortie pour l'écoulement de la vinasse.

Le contenu de cette chaudière entrant le premier en ébullition envoie sa vapeur dans l'autre au moyen d'un tube plongeant dans le liquide de celle-ci ; ce liquide entrant à son tour en ébullition envoie sa vapeur dans la colonne où elle rencontre la grappe provenant du bac supérieur d'alimentation. Assez souvent la flamme circule sous les deux chaudières qui ont chacune leur tube de dégagement de vapeur. Ces tubes sont réunis ensemble avant de pénétrer dans la colonne.

Quelquefois, quoique rarement, dans le but d'éviter l'usure trop rapide des chaudières, par suite des coups de feu auxquels elles sont exposées par le chauffage à feu nu des vinasses, la chaudière la plus basse (celle chauffée à feu nu) ne reçoit que de l'eau dont la vapeur se rend dans la première chaudière (ou dans la deuxième quand il y en trois). Cette dernière est seule munie d'un tube de sortie pour la vinasse. Ces diverses modifications de chaudière ne paraissent pas avoir grande influence sur le bouquet du rhum produit.

On emploie en général de grandes chaudières afin que la vinasse reste très longtemps sur le feu, pour en extraire le plus possible de produits odorants.

Les chauffe-vins sont assez grands : 10 000 litres chacun environ ; de cette façon la grappe reste longtemps à une température assez élevée, avant de pénétrer dans la colonne ; cela contribue à donner plus de bouquet au rhum.

Récepteur mesureur de rhum. — Il convient de décrire ici un appareil intéressant qui sert au mesurage du rhum et qui est employé à la Martinique dans toutes les grandes rhummeries.

Cet appareil représenté par la figure 16 ci-dessous (¹) se compose d'un cylindre en cuivre entièrement clos, de 5oo litres de capacité environ ; divisé en deux parties par une cloison de même métal et de telle sorte que le compartiment inférieur contienne un peu plus de 25o litres. Ces deux compartiments peuvent communiquer ensemble par un tube latéral muni d'un robinet reliant la partie inférieure du compartiment du haut avec celui du bas. Un tube partant de la cloison et remontant à l'intérieur du cylindre permet à l'air du compartiment inférieur d'entrer ou de sortir selon que celui-ci se vide ou se remplit. Enfin un tube de niveau avec planchette graduée indique quand le volume de 25o litres est atteint.

Le rhum arrivant de l'appareil distillatoire se rend dans le compartiment supérieur et de là, (la communication étant maintenue ouverte) dans le comparti-

---

(¹) Voir aussi la figure 13 représentant les colonnes Dupouy.
Au-dessous de ces colonnes sont représentés 2 récepteurs, mesureurs de rhum.

ment inférieur jusqu'à ce que celui-ci s'emplisse jusqu'au trait marqué sur le tube de niveau et correspondant à 250 litres. *On ferme alors le robinet;* le rhum s'emmaganise dans le compartiment supérieur.

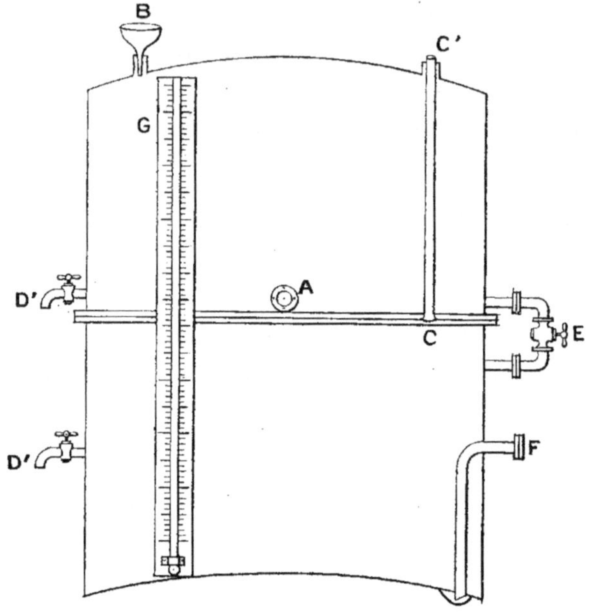

Fig. 16. — Récepteur mesureur de rhum.

A, arrivée du liquide. — B, entonnoir à caramel. — C, C', tuyau de la sortie d'air. — D, D', Robinets de prise d'échantillon. — E, robinet de communication des deux compartiments. — F, tuyau d'aspiration de la pompe. — G, tube de niveau avec la règle graduée.

Pendant ce temps, on pompe les 250 litres de rhum mesurés dans le compartiment inférieur. Celui-ci étant vide, on rouvre la communication que l'on fermera à nouveau quand 250 litres de rhum auront coulé.

C'est dans ce mesureur que l'on ajoute le caramel.

Pour cela le sommet du cylindre porte une ouverture munie d'un entonnoir par lequel on introduit la caramel à la dose de 1 litre à 1 litre et demi pour 250 litres selon la demande du destinataire.

Le rhum est ensuite envoyé dans de grands foudres de 15 à 20 000 litres d'où on le soutire pour le mettre en fûts et l'expédier aussitôt.

Presque chaque rhummerie a sa tonnellerie qui en constitue une annexe importante. Il existait en outre à Saint-Pierre une tonnellerie mécanique très perfectionnée fabriquant en moyenne 150 fûts par jour. Le bois employé est du chêne blanc qui vient en entier d'Amérique sous forme de merrains.

Les fûts employés sont ordinairement de 250 litres quelquefois de 300 et exceptionnellement de 125 (demi-fûts).

CHAPITRE IV

MÉTHODES DE TRAVAIL DES DISTILLERIES DE RHUM

Les matières premières et l'outillage des rhummeries ayant été décrits précédemment, il est maintenant plus aisé d'aborder la fabrication proprement dite qui pour chaque sorte de rhum comprend :

La composition :

La fermentation ;

La distillation.

COMPOSITION EMPLOYÉE DANS LES RHUMMERIES AGRICOLES POUR LE RHUM D'HABITANT

Pour une cuve de 1 200 litres on emploie le mélange ou composition ci-après :

Vesou	800 litres,	soit 66	p. 100
Eau ou liquide de repression .	200	»	17 »
Vinasse	200	»	17 »
	1 200 litres,	soit 100	p. 100.

La densité du mélange est alors de 1.045 à 1.050 soit 6 à 7° Baumé environ.

Le mélange se fait généralement dans la cuve elle-même où le tout est brassé à la main au moyen d'un bâton (brasse) au bout duquel est cloué, perpendiculairement à lui, une planchette à trous.

Lorsqu'on travaille le sirop batterie dans les rhummeries agricoles, il faut naturellement le délayer dans les quantités d'eau et de vinasse nécessaires, ce qui se fait le plus souvent dans la cuve elle-même et à la main. Exceptionnellement le mélange est fait dans une fosse à composition et de là envoyé dans les cuves au moyen d'une pompe.

La quantité de sirop batterie employée varie, selon la concentration des sirops, entre 10 et 15 litres (à 38° Baumé) pour 100 litres de composition. On se règle sur la densité du mélange et l'on met plus ou moins de sirop de façon que la densité finale soit très voisine de 1,050 (7° Baumé).

Pour le rhum d'habitant, c'est-à-dire le rhum des rhummeries agricoles, la vinasse est toujours employée avec discrétion ; souvent même on s'en passe quand on ne veut produire que du rhum fin.

COMPOSITION EMPLOYÉE DANS LES RHUMMERIES INDUSTRIELLES POUR LE RHUM D'EXPORTATION

La composition employée est assez variable, mais elle se tient d'ordinaire dans les limites suivantes :

Mélasse.	10 à	15 litres.
Eau.	20 à	35 »
Vinasse.	70 à	50 »
	100	100 litres.

Les proportions les plus employées à Saint-Pierre étaient : mélasse 12 litres, vinasse 60 et eau 28.

On met plus ou moins de vinasse (vidange des rhummeries) selon la quantité de mélasse employée et aussi selon la densité de ladite vinasse. Cette densité varie suivant les rhummeries de 1,043 à 1,051 (6 à 7° Baumé), mais atteint parfois jusqu'à 1,060. On s'arrange en général pour que la densité de la composition ne dépasse pas 1,080 (11° Baumé).

La densité de 1,068 à 1,071 (9 à 9°,5 Baumé) était à Saint-Pierre la plus communément employée.

Dans ces conditions quand la fermentation se passe à peu près bien, le moût fermenté tombe à 1,030 ou 1,035 (4 à 5° Baumé), la température de la cuve étant 32° à 34°. Après distillation la vinasse possède, à peu de chose près, la densité de celle qui a servi à la composition. Le mélange des composants se fait dans la fosse à composition. Dans les petites rhummeries le mélange se fait à bras ; dans les grandes rhummeries de Saint-Pierre le mélange se faisait au moyen d'un moulinet mécanique qui brassait le tout ; il en est de même dans la grande rhummerie Hayot qui subsiste encore dans le sud de l'île.

L'eau et la mélasse sont contenues dans de petits bacs en tôle avec tube de niveau gradué. On fait d'abord couler l'eau, la mélasse et une partie de la vinasse ; pendant ce temps on met le mélangeur en mouvement. On arrête quelques intants, on fait ensuite arriver la vinasse jusqu'à la hauteur d'un repère fixé sur les parois de la fosse. On met de nouveau le moulinet en mouvement pendant quelques instants, puis on arrête définitivement et on met en marche la pompe qui envoie le mélange ou composition dans les cuves (¹).

Un grand nombre de distillateurs agricoles ou industriels ajoutent à leur composition de petites quantités d'acide sulfurique ou de sulfate d'ammoniaque, quelquefois les deux ensemble ce qui est sans inconvénient. Toutefois leur mode d'action est bien différent.

L'acide sulfurique employé à très petites doses : 200 à 250 grammes pour 1,000 litres de composition est très utile aux fermentations. Il agit comme antiseptique en gênant le développement des bactéries, surtout celles de la putréfaction qui ne peuvent vivre qu'en milieu neutre ou à peine acide. C'est surtout avec les compositions de vesou dans lesquelles n'entre que peu ou pas de vinasse que l'emploi prudent de l'acide sulfurique rend de véritables services.

Avec les compositions de mélasse dans lesquelles la vinasse entre toujours pour une forte proportion, 50 p. 100 au moins, l'emploi de l'acide sulfurique est inutile. La vinasse est en effet assez acide par elle-

---

(¹) Il arrive très souvent que par suite de négligence il reste à la fin de la journée une certaine quantité de composition dans la fosse. Ce liquide fermente et surtout s'acétifie, contribuant ainsi à la contamination des moûts suivants.

même pour fournir aux fermentations l'acidité suffisante.

D'une manière générale, et par suite d'idées
fausses, les rhummiers emploient l'acide sulfurique
à dose exagérée et cela leur cause parfois des
mécomptes. En effet, ayant lu que le sucre ordinaire
ou saccharose ne fermente qu'après avoir été transformé en sucre inverti, ce qui est vrai, et sachant que
l'acide sulfurique intervertit le sucre, les rhummiers
ont une tendance à exagérer la dose de cet acide dans
les compositions, dans le but de faciliter la fermentation en intervertissant le sucre par ce moyen. Il y a
là une erreur d'interprétation des faits et une pratiqne
dangereuse.

A la dose d'un litre par 1 000 litres l'acide sulfurique est déjà nuisible, et cependant même dans ces
proportions il lui faudrait un temps excessif pour
intervertir tout le sucre cristallisable d'un moût.

On sait aujourd'hui que c'est la levure qui se
charge elle-même d'intervertir le sucre cristallisable
au fur et à mesure de ses besoins, au moyen d'un
principe diastasique particulier qu'elle sécrète : la
sucrase. Les bonnes levures de rhum sont riches en
sucrase. De très petites quantités d'acide sulfurique
favorisent cette action de la sucrase, mais de plus
fortes la paralysent ; d'où la nécessité d'être très
prudent dans l'emploi de cet acide.

J'ai toujours conseillé de ne jamais dépasser un
demi-litre d'acide sulfurique par mille litre de com-

position, cette dose devant être considérée comme un *maximum* qu'il est bon le plus souvent de réduire.

Le sulfate d'ammoniaque, agit comme aliment de la levure et surtout comme excitant de ses fonctions alcooligènes. Il apporte aux moûts ou compositions de rhummeries l'azote qui est nécessaire à la levure et qui parfois n'est pas assez abondant dans ces milieux. Une dose de 150 à 200 grammes par 1000 litres suffit. On en abuse généralement aux Antilles.

FERMENTATION

Rhummerie agricole.— La fermentation dont il est parlé ici est, bien entendu, la fermentation alcoolique. Personne n'ignore que c'est pendant cette opération que se produit l'alcool aux dépens du sucre qui disparaît. Il semble donc que la fermentation qui est l'acte capital de la fabrication du rhum, devrait être entourée d'une foule de soins, et que les rhummiers, dont les intérêts sont en jeu, auraient dû faire leur possible pour se mettre au courant de cette question. Il n'en est rien.

Ce que j'ai dit du peu de soins avec lequel les mélasses étaient conservées et les ateliers tenus, prouve bien que les connaissances en fermentation des rhummiers de Saint-Pierre et des Antilles étaient et sont encore presque nulles. Je les ai quittés sans avoir pu, malgré des expériences décisives, les convaincre complètement du rôle capital de la levure en fermentation.

Aucun d'eux ne s'était d'ailleurs jamais inquiété de la levure qui, d'une façon générale, ne leur était vaguement connue que de nom. Ainsi celle que les rhummiers produisent inconsciemment et qui, lorsque la fermentation est terminée, se trouve en abondance au fond des cuves sous la forme d'une boue épaisse, d'un blanc jaunâtre, est considérée comme le résidu, la saleté du moût fermenté (grappe) et ils l'appellent *caca-grappe*. Ce dépôt est purement et simplement jeté.

Partout, dans les grandes comme dans les petites rhummeries, la fermentation est abandonnée au hasard et marche comme elle veut.

Avec le vesou cru qui apporte toujours de la levure provenant des cannes à sucre sur lesquelles elle existe, très inégalement d'ailleurs, en très petite quantité, en compagnie d'une foule de moisissures et de toutes sortes de germes, la fermentation débute en général bien ; mais qu'il s'agisse de vesou récemment cuit (sirop de batterie récent) et de cuves neuves, rien ne va plus, et tout le monde est dans l'embarras à cause de cette malheureuse levure dont personne n'a cure et qui s'avise de manquer.

Le fait suivant est typique : dans une rhummerie agricole de Saint-Pierre, qui jusque-là avait été fort négligée, le nouveau propriétaire, pris d'un beau zèle, avait fait procéder à un nettoyage complet de l'atelier ; les boiseries, poutres, murs, etc., avaient été passés à la chaux, et les cuves vermoulues avaient été remplacées par des neuves. Puis l'atelier étant bien clos, aussitôt que l'on eut préparé assez de vesou cuit (sirop batterie), on chargea les cuves avec ce vesou venant d'être chauffé, et de l'eau dans les proportions voulues.

Quarante-huit heures après aucune cuve n'était partie ; voyant cela, quelqu'un eut cependant l'idée d'aller dans une grande rhummerie chercher un seau de moût, mais on se garda bien de le prendre dans une cuve en pleine activité, on choisit au contraire une cuve bien tombée, par conséquent (d'après les idées locales) bien dépouillée de ses impuretés. C'est alors qu'allant par hasard visiter cette rhummerie, on me raconta ce qui s'était passé. Déjà plusieurs pièces étaient recouvertes d'un voile de mycodermes, mais point de fermentation. Je donnai alors le conseil de préparer une cuve avec du vesou cru très légèrement additionné d'acide sulfurique et de sulfate d'ammoniaque, puis de partager cette cuve entre les autres aussitôt qu'elle serait en pleine activité. Le conseil fut suivi, et quelques jours après tout rentrait dans l'ordre.

Cette histoire montre bien l'ignorance générale de nos rhummiers en matière de fermentation.

Il est juste d'ailleurs d'ajouter, que les rhummiers des Antilles anglaises que j'ai visitées (principalement la Jamaïque) ne sont pas plus avancés qu'eux sous ce rapport, peut-être même moins.

Les découvertes de Pasteur et de ses élèves sur la

fermentation quoique déjà anciennes, n'ont donc pas encore pénétré parmi nos rhummiers qui appellent tout ferment, (sulfate d'ammoniaque, acide sulfurique et surtout la vinasse), excepté la levure qu'ils ne connaissent point.

On ne saurait toutefois leur en faire un trop grand crime quand on voit des gens possédant des titres scientifiques écrire en 1891, les lignes suivantes que je cite *textuellement*.

« Comme l'expérience a prouvé que les fermenta-
« tions naturelles sont les meilleures dans l'espèce,
« on ne se sert d'aucun ferment additionnel, si ce
« n'est celui que contiennent les vinasses. En vain
« croirait-on que le ferment a péri dans la distilla-
« tion, il a la vie plus dure que cela. N'a-t-il pas
« résisté victorieusement à une cuisson énergique
« dans la fabrication du sucre brut ? Il peut une
« autre fois sans perdre ses facultés soutenir une
« température plus modérée. » ([1]).

J'ai déjà dit que partout la fermentation est abandonnée au hasard et marche comme elle veut. Avec le vesou cru la fermentation est généralement en train au bout de 12 heures. La température extérieure étant de 28 à 30°, celle des cuves s'élève à 37-38°, parfois même jusqu'à 42°, ce qui est excessif. Sa

---

[1] Ces lignes, écrites en *juin* 1891, sont signées de deux ingénieurs des Arts et Manufactures et extraites d'un fascicule consacré à la description des rhummeries Hurard (disparues depuis) et faisant partie d'un important ouvrage sur les diverses installations industrielles.

durée est très variable : ordinairement de 3 à 4 jours avec le vesou (parfois même moins) ; elle peut à la même époque et dans le même atelier offrir d'une cuve à l'autre des différences de durée très considérables atteignant 5, 8, 10, 12 jours et plus encore.

Le rendement est également très variable d'une cuve à l'autre sans qu'aucun distillateur puisse dire pourquoi. En général les rhummiers agricoles sont satisfaits lorsque de 100 litres de grappe (moût fermenté) ils retirent 11 litres de rhum à 55° nets. Ce rendement est d'ailleurs faible, surtout quand les cannes sont bonnes et le vesou un peu riche.

A la Guadeloupe on compte 45 à 48 hectolitres de rhum à 55° nets par hectare de terre planté en cannes.

Lorsque la fermentation du vesou est terminée, la densité du moût est tombée à 1 000, quelquefois même un peu au-dessous (à cause de la température). A ce moment la grappe a perdu sa saveur sucrée, elle est devenue amère, elle s'éclaircit facilement. On laisse quelques heures en repos, on soutire le liquide et on l'envoie de suite à l'alambic. Ensuite, on enlève un tampon de bois qui bouche une ouverture pratiquée au fond de la cuve. On fait écouler au dehors le dépôt de levure, on lave légèrement avec quelques seaux d'eau, on remet le tampon en place et la cuve est prête pour un nouveau chargement.

Exemple d'une bonne fermentation de vesou.

	A la fin du char-gement de la cuve	APRÈS 12 heures	APRÈS 24 heures	APRÈS 48 heures	APRÈS 60 heures
Densité	1,047	1,043	1,038	1,000	0,995
Acidité en SO^4H^2 par litre.	2,2	2,5	2,6	4,2	4,4
Alcool en volume p^r 100 cen-timètres cubes	0	1,65	2,2	6,6	7,1
Sucre total pour 100 centi-mètres cubes (1).	13,1	10,5	10,0	1,08	0,25
Température.	29	30	34	38	30

(1) Voir la note de la page 28.

Exemple d'une mauvaise fermentation de vesou.

	DENSITÉ	ACIDITÉ en SO^4H^2 par litre.	ALCOOL en volume pour 100 cent. cubes	SUCRE TOTAL pour 100 cent. cubes
1er jour.	1,050	2,55	traces.	11,6
2e — .	1,035	5,88	2,00	6,7
3e — .	1,015	7,01	4,1	2,63
4e — .	1,009	7,40	4,8	0,99
5e — .	1,007	7,89	5,4	0,71
6e — .	1,005	7,95	4,9	0,32
7e — .	1,005	8,09	4,9	0,25
8e — .	1,005	8,30	4,7	traces.

Rhummerie industrielle. — Fermentation de mélasse. — Tout ce qui vient d'être écrit précédemment sur la fermentation du vesou s'applique entièrement aux fermentations de mélasse de canne, car jamais on n'ensemence, c'est-à-dire jamais on n'ajoute de levure aux compositions. La fermentation va d'elle-même au gré du hasard.

La durée des fermentations varie beaucoup d'une rhummerie à l'autre : depuis 4 à 5 jours jusqu'à 10, 12 et plus. Quand elle se passe à peu près bien, le moût tombe de 1,068 ou 70 à 1,030 ou 1,035.

La mélasse contient toujours des levures provenant des poussières de l'air ([1]) ; de plus les parois des cuves en sont tapissées, aussi la fermentation débute toujours d'elle-même et d'autant mieux qu'il y a plus de levure présente. C'est même là la raison qui explique la préférence qu'on accorde à la Martinique aux petites cuves ([2]). N'ensemençant jamais, le rhummier n'a guère à sa disposition que la levure restant sur les parois intérieures des cuves. Or, chacun sait que 4 cuves de 700 litres présentent plus de surface intérieure qu'une seule de 2,800 ; par conséquent ces 4 petites cuves auront beaucoup plus de levure disponible sur leurs parois, par rapport à la même masse de liquide, qu'une grande cuve de capacité égale à leur contenance totale.

Fermentation industrielle de mélasse.
Marche normale.

Cuve de 700 litres, chargée avec la composition suivante :
($d = 1,082$).

Mélasse	84 litres,	ou 12	p. 100.
Eau	216 »	31	»
Vinasse	400 »	57	»
	700 litres,	ou 100	p. 100.

([1]) Et aussi des quantités de bactéries.

([2]) Préférence motivée par ce fait qu'en général les petites cuves tombent plus vite, atteignent une température moins élevée que les grandes et par suite donnent souvent un meilleur rendement.

	DÉBUT	APRÈS 24 h.	APRÈS 48 h.	APRÈS 72 h.	APRÈS 96 h.
Densité	1,082	1,071	1,044	1,035	1,034
Acidité en SO^4H^2 par litre.	6,1	6,25	7,00	7,9	8,1
Sucre total p. 100 cm³ (¹) .	11,9	8,98	3,09	1,67	1,12
Alcool en volume p. 100 cm³.	0	1,4	4,2	4,5	5,16
Température	39	36	36	34,5	33

(¹) Voir note de la page 28.

Bien souvent la vinasse est employée trop chaude, ce qui fait que la composition est à 35-37 et même 42 et 45° au moment du remplissage des cuves. Cela nuit aux bonnes levures et favorise les autres.

Acides volatils produits dans la fermentation industrielle du rhum. — J'ai fait un certain nombre de déterminations de ces acides volatils par la méthode de Duclaux. Toutes ces opérations ont donné des rapports très voisins ; je citerai seulement les suivants :

				MOYENNE			MOYENNE
5,8	6,4	5,86	6,2	. . 6	5,52	6,2	. . 6
13,3	13,2	13,3	13,7	. . 13,4	12,3	13,7	. . 13
21,5	20,3	20,5	21,0	. . 20,8	19,8	21,7	. . 20,6
30,0	28,1	28,1	28,6	. . 28,7	27,6	29,7	. . 28,6
38,7	36,5	36,3	36,9	. . 37,1	36,3	38,1	. . 37,2
48,3	45,9	45,7	46,0	. . 46,5	46,3	47,1	. . 46,7
57,6	56,2	56,1	56,0	. . 56,5	57,0	56,9	. . 57,0
69,6	67,9	67,5	67,8	. . 68,2	68,7	68,3	. . 68,5
83,7	82,4	81,4	81,6	. . 82,3	82,8	82,0	. . 82,4
100,0	100,0	100,0	100,0	. . 100,0	100,0	100,0	. . 100,0
4 cuves d'une même rhummerie.					2 cuves d'une autre rhummerie.		

En rapprochant ces rapports de ceux fournis par les tables de Duclaux, on peut en conclure que les acides volatils de ces fermentations sont constitués par un mélange d'acides formique et acétique à peu près à molécules égales. Je n'ai jamais, contrairement à mon attente, rencontré d'acide butyrique dans ces fermentations.

Levures de rhum (¹). — Les *levures* de rhum à l'exception des *schizosaccharomyces* n'ont rien qui les distingue au microscope de celles des levures de bière. Elles sont ordinairement rondes, parfois ovales ; celles du vesou sont en général plus petites et plus rondes que celles prises dans les cuves de mélasse ; les premières ont de 5 à 7 μ (millièmes de millimètre) de longueur, les autres 7 à 9, et jusqu'à 23 et 25 pour les schizo.

Les levures de rhum affectionnent des températures élevées ; leur activité est très faible au-dessous de 23° ; leur température de prédilection paraît être 35°, mais quelques-unes supportent encore vaillamment des températures 41-42 et même 43°.

Beaucoup de levures de rhum ne fermentent pas le maltose ; sur 40 essayées, 18 étaient dans ce cas. Dans la même rhummerie, j'ai à quelques jours d'in-

---

(¹) Il existe des levures de rhum sur les diverses parties de la canne à sucre, mais elles y sont beaucoup moins abondantes qu'on ne le croit généralement, elles sont même rares par rapport au nombre de mycolevures et surtout de moisissures qui les accompagnent.

tervalle rencontré des levures qui fermentaient le maltose et d'autres qui ne le fermentaient pas. Les unes et les autres paraissaient à peu près également actives d'après les essais faits.

Les levures de rhum se tiennent généralement au

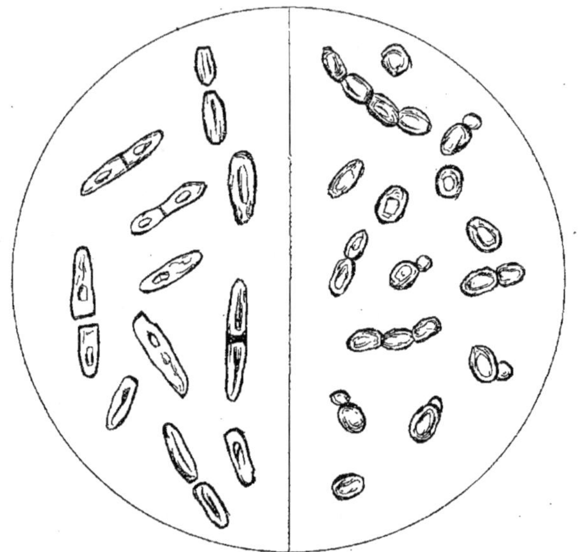

Fig. 17. — Schizosaccharomyces et saccharomyces du rhum.

fond des cuves où elles se rassemblent en masses compactes. Quelques levures sont des levures de surface et forment au-dessus des cuves des écumes d'un beau jaune qui sont ordinairement enlevées. Ces levures hautes sont en général des schizosaccharomyces. Elles sont longues et de grandes dimensions ; elles atteignent jusqu'à 25 µ de longueur sur 4 à 5 de largeur. Au lieu de se reproduire par bourgeonnement, ces levures se reproduisent par scissiparité, c'est-à-dire que lorsque chaque cellule a terminé sa croissance, il se forme au milieu une cloison transversale à doubles parois et peu après chaque moitié se sépare l'une de l'autre, s'allonge à son tour pour se scinder de nouveau et ainsi de suite ([1]). Cette sorte de levure se rencontre exclusivement dans les cuves de mélasse de nos Antilles, surtout lorsque la température est exceptionnellement haute. Je n'en ai pas rencontré dans les cuves de la Jamaïque ni dans celles de Demerari.

D'après mes essais elles donnent de mauvais rendements. On rencontre aussi très souvent dans les cuves des *mycolevures* et toujours des quantités de bactéries mobiles, soit isolées, soit réunies en longs filaments.

FRAIS DE FABRICATION DU RHUM

Ces frais de fabrication comprennent la main-d'œuvre, le combustible, l'intérêt du capital engagé, les réparations, etc., etc.

De l'avis unanime de tous les rhummiers que j'ai consultés, ces frais peuvent être évalués à 4 à 6 centimes par litre à la Martinique, selon l'importance de l'établissement.

([1]) Ces schizo donnent facilement des spores qui sont ordinairement au nombre de 4.

RENDEMENT

Les rhummiers calculent leur rendement d'une façon très simple. Ainsi un rhummier a-t-il mis en œuvre 1 000 litres de mélasse et obtenu 750 litres de rhum à 55°, il dira que son rendement est de 75 p. 100.

Cette façon de calculer le rendement, bonne pour permettre à un comptable ou à un commerçant de se rendre compte du prix de revient du produit fabriqué, ne vaut rien quand il s'agit simplement de savoir ce que l'on fait et combien l'on perd, *car elle ne tient pas compte de la composition de la matière première.* Chose essentielle à connaître et sans laquelle aucun contrôle n'est possible en distillerie.

Ainsi, supposons une mélasse pauvre, telle que, théoriquement, elle ne pourrait donner que 90 litres de rhum à 55° nets pour 100 litres de mélasse ; et admettons que dans la pratique un rhummier en obtienne seulement 75, il pensera avoir un mauvais rendement et une forte perte, tandis que cette perte sera seulement de 15 p. 90 ou 16 p. 100.

Supposons maintenant que ce même rendement de 75 p. 100 soit obtenu avec une autre mélasse de *même degré Baumé* mais *bien plus riche* (ainsi que cela arrive souvent) par exemple avec une mélasse pouvant théoriquement fournir 107 litres de rhum par 100 litres de mélasse. Cette fois la perte sera 32 p. 107 ou sensiblement 30 p. 100.

On voit la différence, et cependant le rhummier ne s'en apercevra pas ([1]). Il n'y a en effet aux Antilles aucun distillateur en état de connaître sa perte en fabrication.

ABSENCE DE TOUT CONTROLE CHIMIQUE

Il n'existe donc dans cette colonie aucun contrôle permettant au rhummier de se rendre compte de ses pertes. Il faudrait d'ailleurs quelques chimistes et les usines à sucre elles-mêmes n'en possèdent pas. Du reste personne dans ce pays ne comprend l'importance de ces choses. Ainsi, pendant deux ans, j'ai mis *gratuitement* à la disposition des rhummiers le laboratoire spécial de fermentations que j'avais établi à Saint-Pierre par ordre de M. le ministre des colonies. Il ne m'a pas été demandé 10 analyses de matières premières ou de moût.

CONTROLE DE LA RÉGIE

La régie exerce à sa façon et dans un but fiscal une sorte de contrôle (si cela peut s'appeler ainsi) sur

---

([1]) A signaler en outre que deux erreurs se glissent constamment dans cette méthode :

1° Erreur sur le mesurage de la mélasse. On sait en effet combien, à cause de l'air interposé, il est difficile de mesurer la mélasse un peu exactement.

2° Erreur due à la température dont on ne tient pas compte dans le mesurage du rhum et aussi à ce que le plus souvent la pompe n'enlève pas tout le liquide contenu dans le mesureur.

les fermentations en exigeant des moûts un rendement minimum.

Ce rendement minimum est calculé par la régie de la façon suivante :

On prend la densité du moût : ·

1° Au moment du remplissage d'une cuve soit par exemple 1,082
2° Lorsque la cuve est entièrement tombée, soit 1,034

La différence ici 0,048

donne la chute de densité que l'on exprime en degrés régie soit 4,8 au lieu de 0,048. Cette chute multipliée par le coefficient 1,2 donne ([1]) le nombre de litres

---

([1]) Voici d'où vient ce coefficient 1,2 :

On sait d'après Pasteur que 100 kilogrammes de sucre pur donnent 51 kg. 1 d'alcool à 100° ou, en volume, $\dfrac{51,1}{0,7943} = 64$ l. 333 à + 15 (0,7943 étant la densité de l'alcool absolu à + 15).

Donc 1 kilogramme de sucre pur fournira 0 l. 64333 d'alcool absolu, et le poids de sucre nécessaire pour fournir un litre de cet alcool sera donné par le rapport $\dfrac{1 \text{ kg. sucre}}{0 \text{ l. } 6433 \text{ alcool}} = \dfrac{x \text{ sucre}}{1 \text{ litre alcool}}$ d'où $x = 1$ kg. 554.

Or il est à remarquer que la densité du sucre pur d'après Maumené étant 1,595, 1 décimètre cube ou 1 litre de sucre pur pèse 1 kg. 595, poids peu différent de 1 kg. 554 ; d'où il résulte que le poids de sucre capable de fournir 1 litre d'alcool absolu occupera très sensiblement le même volume que l'alcool produit.

Par conséquent, si nous supposons 1 kg. 554 de sucre dissous dans 100 litres d'eau, on remarquera qu'après la transformation intégrale de ce sucre en alcool le *volume total n'aura pas changé*.

Mais, par contre, le poids total aura baissé de la différence entre le poids d'un litre de sucre 1,595, et le poids d'un litre d'alcool 0,7943, soit 1,595 — 0,7943 = 0 kg. 800,7.

Le poids d'un litre aura donc baissé d'une quantité 100 fois moindre ou de 8 grammes. En un mot la densité aura baissé de 0 kg. 008 ou de 8 grammes pour une production d'un litre d'alcool par hectolitre de liquide.

d'alcool absolu (base de perception pour la régie) qui doit exister dans chaque hectolitre de moût fermenté passant à la chaudière. Soit pour l'exemple précédent $4,8 \times 1,2 = 5$ l. 76 d'alcool pur à prendre en charge par hectolitre de moût. Cette quantité d'alcool à 100° correspond à $\dfrac{5,76 \times 100}{55}$ ou 10 l. 47 de rhum à 55°.

Le coefficient 1,2 est d'ailleurs trop faible et même avec les pertes considérables qui sont courantes en rhummerie le minimum exigé par la régie est presque toujours atteint.

A la Guadeloupe la régie contrôle la fabrication au moyen d'un compteur, le *compteur Chapp*, qui enregistre les quantités d'alcool qui le traversent en donnant constamment leur degré. Cet appareil est très

---

Mais l'*unité du densimètre régie étant le centième ou 0 kg. 010, ou 10 grammes*, il convient de rechercher :

1° Quelle quantité de sucre devra disparaître pour obtenir par sa transformation totale en alcool une perte de poids de 1 kilogramme dans 100 litres, c'est-à-dire une baisse de densité de 1 degré régie ou 10 grammes par litre ?

2° A quel volume d'alcool produit correspond la disparition de ce poids de sucre ?

Pour résoudre la 1re question, on écrira $\dfrac{1 \text{ kg. } 595}{8} = \dfrac{x}{10}$, d'où $x = 1$ kg. 993.

Pour résoudre la 2° question, on écrira : volume cherché $= 1$ kg. 993 $\times$ 0 l. 64333 $= 1$ l. 28.

Donc, toutes les fois *que dans un liquide en fermentation la densité baissera* d'une ou plusieurs fois 0 kgr. 01, c'est-à-dire *d'une ou plusieurs fois 10 grammes ou degrés régie, il y aura une ou plusieurs fois 1 l. 28 d'alcool pur produit par hectolitre de moût.* Le nombre exact est donc 1,28.

Aux Antilles la régie a adopté 1,2. En France on adopte actuellement le chiffre 1,3 qui n'est d'ailleurs considéré par la régie que comme une indication et ne sert pas de base à la prise en charge.

ingénieux et suffisamment exact pour la pratique. Mais malgré la surveillance de l'Administration et les précautions prises, son emploi a donné lieu à tant de fraudes de la part des distillateurs intéressés qui trouvaient toujours quelque nouveau moyen d'en fausser les indications, qu'à la Martinique on a dû depuis longtemps y renoncer.

DE L'AROME OU BOUQUET DES RHUMS

L'*arome* du rhum est spécial; les *éthers formique* et *acétique* paraissent y dominer, accompagnés d'*aldéhyde*, d'*acétal*, d'*alcools supérieurs* et d'une foule d'autres composés mal déterminés (je parle bien entendu du rhum naturel non travaillé, lequel même à fort arome, ne possède jamais cette odeur particulière dite de *savate* que l'on rencontre si souvent dans les rhums vendus au public). Les travaux de Trillat, Prinsen Geergligs et H. Quantin ont montré que le rhum ne contenait pas d'alcool méthylique, fait qui a son importance pour la recherche des falsifications.

L'arome du rhum est dû à un ensemble de causes qui toutes concourent à son obtention.

Il dépend à la fois :

De la matière première. — Cela est si vrai qu'avec la meilleure levure de rhum et de la mélasse de betteraves on ne peut obtenir qu'un produit im-

propre à la consommation. A ce point de vue spécial
on peut avoir par avance une idée de la valeur d'une
mélasse en la distillant avec de l'eau. Les premières
portions recueillies seront d'autant plus aromatiques
que la mélasse est meilleure.

De la levure. — On sait que chaque race ou
variété de levure a ses propriétés particulières qui
diffèrent surtout par la nature des produits secon-
daires qu'elle forme. Toutes les levures en effet,
outre l'alcool et l'acide carbonique donnent naissance à des acides, des aldéhydes, des éthers, etc.,
qui varient selon la levure et dont l'ensemble constitue l'arome caractéristique de chaque espèce et du
produit.

Ainsi avec de la *levure de bière ou de vin* et de la
mélasse de cannes on n'obtient qu'un produit sans
parfum de rhum.

L'arome du rhum n'est pas dû aux bactéries qui
fourmillent dans les fermentations de mélasse. C'est
là un fait que j'ai démontré en opérant sur des quantités presque industrielles et sur lequel je reviendrai
plus tard.

Parmi les levures de rhum il y a, comme il fallait
s'y attendre, des différences considérables au point
de vue de l'arome. Les meilleures levures que j'avais
sélectionnées à la Martinique ont été heureusement
adressées à l'Institut Pasteur de Lille, car ma collection de Saint-Pierre n'existe plus, ayant été dé-

truite avec le Laboratoire comme tout le reste de la ville.

De la vinasse ou vidange. — La vinasse (l'expérience est là pour le prouver) joue un rôle incontestable dans la production des rhums dits à fort arome à la Martinique. Sans elle, les rhums sont plus fins mais n'ont pas ce parfum si développé que recherche le commerce.

Du degré de l'alcool. — Le degré de l'alcool obtenu a son importance ; ainsi à Demerari (Guyane anglaise) on n'emploie pas du tout la vinasse pour la préparation des moûts. Cependant on n'obtient pas des rhums fins, mais bien des rhums à arome aussi puissant que ceux de la Martinique. Cela tient, à mon avis, à ce qu'à Demerari on ne produit que de l'alcool à très haut degré jusqu'à 6o over proof (92° centésimaux.)

Dans ces conditions, l'éthérification est sans doute plus complète entre l'alcool et les acides contenus dans les moûts, d'où un parfum plus intense que l'on ne peut obtenir à la Martinique sans l'emploi de la vinasse car on ne distille que du rhum à 55°.

De l'appareil distillatoire. — Tout d'abord intervient la grandeur de l'appareil ; ainsi un même moût distillé dans une chaudière de 1 ooo litres ou dans une chaudière de 3o donnera un arome différent ; c'est là une expérience que j'ai répétée et qui est bien connue.

Ensuite la nature de l'appareil qui peut être continu ou intermittent. Aux Antilles les appareils intermittents Labat ou Privat sont reconnus pour donner plus d'arome que les appareils continus, aussi, quoiqu'ils soient moins économiques on les emploie encore concurremment avec ceux-là. Enfin ces appareils intermittents permettent des fractionnements dont les produits sont utilisés pour renforcer en arome d'autres rhums.

La capacité des chauffe-vins a aussi son importance; plus ils sont grands, plus longtemps le moût reste exposé à la chaleur, ce qui favorise l'éthérification.

Enfin, il n'est pas jusqu'à la façon de conduire le feu qui n'influe sur l'arome du produit, surtout avec les appareils intermittents. On sait en effet avec quelle attention le distillateur de Cognac conduit son feu quand il emploie les vieux alambics Charentais.

On comprend donc que pour toutes les raisons ci-dessus il y ait autant de bouquets distincts que de rhummeries. Dans la même rhummerie il y avait même 8, 10 et 15 marques différentes obtenues par coupages entre les produits des divers appareils et par des fractionnements.

Chacune de ces marques avait sa cote sur les marchés du Havre et de Bordeaux. Certaines étaient cotées beaucoup plus, qui ne valaient pas mieux et même bien moins que d'autres. Aucune ne valait le bon rhum d'habitant (surtout celui de vesou cuit), proscrit par les importateurs pour les raisons expliquées plus haut (voy. produits obtenus, p. 41).

PERTES DANS LA FABRICATION
FAÇON DE LES DÉTERMINER
ÉTABLISSEMENT DU RENDEMENT THÉORIQUE

Il a été exposé précédemment combien était défectueuse la façon d'évaluer le rendement employé par les rhummiers; *car elle ne leur permettait pas de se rendre compte de leurs pertes* puisqu'elle ne tenait aucun compte de la quantité de sucre contenue dans la matière première.

Cependant ces pertes sont considérables; je me suis assuré qu'en fermentation industrielle de mélasse elles étaient le plus souvent de *25 à 30 p. 100.*

Pour les établir, il n'y a à mon avis, d'autre moyen précis que de comparer les quantités d'alcool obtenues en pratique, avec celles qui *théoriquement* auraient dû être obtenues d'après la composition de la matière première. La différence constituant la perte.

Évidemment le rendement théorique ne peut être atteint en pratique, mais il n'en doit pas moins rester *la base* à laquelle on doit reporter les résultats obtenus afin de les comparer entre eux, et il doit être en même temps le but vers lequel le distillateur doit tendre à se rapprocher le plus possible.

C'est seulement en comparant le résultat obtenu avec le résultat théorique que l'on pourra savoir si la fermentation a été bonne ou mauvaise ou si, les conditions restant les mêmes, la levure employée est supérieure à telle autre comme rendement.

Exemple. — Un moût contenant 11 gr, 9 de sucres réducteurs totaux par 100 cm³ (voy. p. 90 et note de la p. 28) devait théoriquement donner $11,9 \times 0,61 = 7$ l. 26 d'alcool pur par hectolitre de moût ([1]). Après fermentation la quantité d'alcool obtenue a été seulement de 5 l. 16. La perte sur 7,26 a donc été $(7,26 - 5,16) = 2,10$ et pour 100 elle était $\dfrac{2,10 \times 100}{7,26} =$ seulement 29 p. 100. On n'avait donc obtenu que 71 p. 100 du rendement théorique ([2]). Cependant la fermentation n'avait duré que quatre jours et avait bien marché quoique la cuve fourmillât de bactéries.

La composition ayant été faite à 12 litres de mélasse pour 100 litres de moût et celui-ci ayant fourni 5 l. 16

([1]) Voici d'où vient ce nombre 0,61. Si l'on admet avec Pasteur que 105 grammes de sucre interverti ou sucre réducteur donnent 51 gr. 1 d'alcool absolu. On voit que 100 grammes de ce sucre donneront 48 gr. 67 d'alcool, et en volume $\dfrac{48,67}{0,7943} = 61$ centimètres cubes (0,7943 étant la densité de l'alcool absolu à $+$ 15). Il suffira donc de multiplier le nombre de grammes de sucre réducteur contenus dans 100 centimètres cubes de moût par 0,61 pour avoir en litres le volume d'alcool à 100° ou absolu correspondant à 100 litres dudit moût.

Le nombre précis est 105,65 qui conduit au nombre 0,60893 au lieu de 0,61, différence insignifiante.

([2]) En opérant en milieu aseptique et avec des levures pures, j'ai obtenu jusqu'à 94,5 p. 100 du rendement théorique.

d'alcool absolu correspondant à 9 l. 39 de rhum à 55°, le rhummier calculait ainsi son rendement.

$$\frac{12 \text{ litres mélasse}}{9 \text{ litres 39 rhum}} = \frac{100 \text{ litres mélasse}}{x \text{ litres rhum}}$$

d'où $x = 78$ l. 25.

Nombre qui constatait simplement que 100 litres de mélasse avaient donné 78 l. 26 de rhum à 55°, mais était muet sur la perte subie. Aussi cet industriel croyait-il avoir un bon rendement.

Causes de ces pertes. — A part les pertes produites par l'évaporation qui sont à peu près impossibles à éviter et qui d'ailleurs sont peu importantes, il est certain que les pertes considérables que l'on constate en rhummerie sont dues presque entièrement aux bactéries qui pullulent dans les cuves, bactéries dont l'action nuisible est favorisée par la haute température à laquelle les fermentations ont lieu et par ce fait que jamais l'on ne pratique d'ensemencements. Dans ces conditions, les fermentations sont livrées aux levures que le hasard y amène, levures dont l'activité est très variable.

Au début d'une fermentation la levure est donc fort peu abondante, puisque le moût ou composition n'a à sa disposition que la levure qui d'une opération à l'autre est restée adhérente aux parois des cuves, et aussi celle qui existe en petite quantité dans les mélasses au milieu de myriades de bactéries, dont le nombre est encore considérablement augmenté par la vinasse qui en fourmille. De cette façon dès le début, les bactéries prennent de l'avancement sur les levures, retardent leur multiplication si nécessaire et consomment du sucre en pure perte, donnant aussi parfois naissance à des produits volatils nuisibles aux levures. Il en est même qui peuvent détruire une partie de l'alcool que les levures produisent. Il résulte de tout cela que les pertes si élevées en rhummerie sont dues aux bactéries.

Nécessité de les éviter. — Il est donc de première nécessité de se débarrasser de ces bactéries, ou tout au moins de réduire leur influence nuisible au minimum en employant des méthodes de travail plus raisonnées et plus scientifiques, en rapport avec les connaissances que l'on possède aujourd'hui sur les fermentations. Ces méthodes qui seront exposées plus loin permettraient de ramener les pertes à 6 à 10 p. 100 au lieu des 25 à 30 actuels, d'où une augmentation considérable dans le rendement qui vaut bien que l'on fasse quelques dépenses pour l'obtenir, car c'est surtout lorsque le produit fabriqué est à bas prix qu'il importe de tirer le meilleur parti possible de la matière première, c'est-à-dire d'en obtenir le plus haut rendement.

TROISIÈME PARTIE

LA FABRICATION DU RHUM A L'ÉTRANGER, A LA GUYANE FRANÇAISE ET A LA RÉUNION

CHAPITRE PREMIER

JAMAIQUE

La Jamaïque produit une quantité considérable de rhum exporté presque en entier aux États-Unis et en Angleterre où une bonne partie est transformée en whisky (¹).

Elle produit une sorte de rhum extrêmement odorant que les Anglais appellent « German rum » rhum allemand ou « stynking rum » rhum puant. Ces rhums sont presque exclusivement exportés à Hambourg ; et, sur place, à la Jamaïque même, ils se paient 3 à 4 fois le prix du bon rhum ordinaire.

Ces rhums sont en effet si odorants qu'ils permettent un coupage pour ainsi dire illimité avec des alcools neutres. A la Jamaïque les marchands de rhum disent sérieusement que c'est au terroir et à la

---

(¹) Consulter pour les quantités exportées l'article statistique dans la première partie de ce travail.

façon de distiller que ces rhums doivent leur parfum si intense.

J'ai aujourd'hui assez d'expérience en rhummerie pour ne pas craindre de me tromper en affirmant que ces aromes si intenses sont dus à des sauces dans lesquelles entrent la peau un peu échauffée ou ayant subi un court séjour dans les fosses de tannerie et, ainsi que je l'ai su, une très petite quantité d'infusion alcoolique de tabac à chiquer américain en tablettes, marque J. H. Maclin'S Virginia. On y ajoute parfois aussi des traces d'iris.

Il en est de même pour les vieux rhums ; il suffit d'examiner, ainsi que je l'ai fait, le rhum blanc sortant de l'alambic pour s'assurer que ce rhum n'est ni meilleur ni plus mauvais que celui que l'on obtenait dans les bonnes rhummeries de Saint-Pierre, et que ce rhum, en vieillissant naturellement, ne peut donner ni le *stynking rum*, ni la plupart des rhums vendus fort cher comme très vieux.

A la Jamaïque, il n'existe à proprement parler ni rhummeries industrielles, ni rhummeries agricoles, mais une grande quantité de sucreries pour la plupart très primitives, et toutes ces sucreries au nombre de 122 ont comme annexe une rhummerie dont l'importance est en raison directe de celle de la sucrerie. Il en est qui ne font que 10 ponchons (4 540 litres) de rhum par an, d'autres font 60-80-100-150 et 200 ponchons (91 000 litres environ) ; un très petit nombre dépasse ce chiffre.

A la Jamaïque comme dans toutes les colonies anglaises, le producteur de rhum est tenu, sous peine d'une amende considérable, de transporter à l'entrepôt du Gouvernement tout le rhum qu'il fabrique, et il lui est sévèrement interdit d'en distraire la plus petite quantité. Dans ces entrepôts, les marchands examinent et achètent le rhum soit pour l'exportation soit pour la consommation locale.

Au moment de mon passage à Kingstown (Jamaïque) en mars 1901, le prix du rhum blanc récent à 35 au-dessus de la preuve (78° Gay-Lussac), variait de 2 schillings 1 penny à 2 schillings 6 pence le gallon de 4 l. 54, soit 2 fr. 60 à 3 fr. 10 le gallon ou 0 fr. 55 à 0 fr. 68 le litre environ.

Si le rhum est destiné à la consommation locale, l'acheteur paie en outre un droit de 8 schillings à 8 schillings et demi par gallon (plus de 3 fois la valeur du rhum) selon sa force, soit environ 2 fr. 10 par litre de rhum [1].

Pour la consommation locale, le rhum est réduit à 16 ou 18° au-dessous de la preuve (under proof), soit 47 à 48° Gay-Lussac.

FABRICATION

La matière première employée dans toutes les rhummeries est la mélasse provenant du turbinage

---

[1] A la Martinique ce droit n'est que de 0 fr. 50 par litre de rhum à 55° ou 0 fr. 90 par litre d'alcool pur.

des sucres bruts fabriqués dans les petites sucreries
dont il vient d'être parlé ; on y ajoute de la vinasse
(« dunder ») et les eaux de lavage des chaudières,
conduites, turbines, etc.

D'après les renseignements que j'ai pu me procurer,
voici quelle serait la composition employée :

Mélasse.	100 litres.
Vinasse.	400 »
Eau de lavage des appareils.	250 »
Eau . . . . : .	250 »
	1 000 litres.

On y ajoute ordinairement un peu de bagasse
fraîche. On mélange le tout dans la fosse à composition et on laisse la fermentation commencer dans la
fosse avant d'envoyer le liquide dans les cuves. La
fermentation dure de 4 à 5 jours.

J'ai pu me procurer deux échantillons de moût en
fermentation dans deux rhummeries ; les levures
purifiées ont été dans la suite adressées à l'Institut
Pasteur de Lille.

L'appareil distillatoire en usage dans les rhummeries de la Jamaïque est très simple. C'est un appareil
intermittent à chaudière plate, chauffé le plus souvent à feu nu, mais parfois aussi à la vapeur. Cette
chaudière est surmontée d'un énorme chapiteau de
la forme de celui du P. Labat, mais plus volumineux
et plus haut encore. Du sommet de ce chapiteau part
un gros tuyau de 20 centimètres de diamètre environ
qui se rend à la partie inférieure d'un cylindre volu-

mineux en cuivre et contenant de l'eau alcoolisée
(petites eaux) provenant d'une opération antérieure.
Ce cylindre a une capacité égale au quart de celle de
la chaudière et le tube qui amène la vapeur de celle-
ci plonge dans l'eau alcoolisée.

La vapeur sortant de ce premier cylindre se rend
dans un deuxième aussi volumineux, entièrement

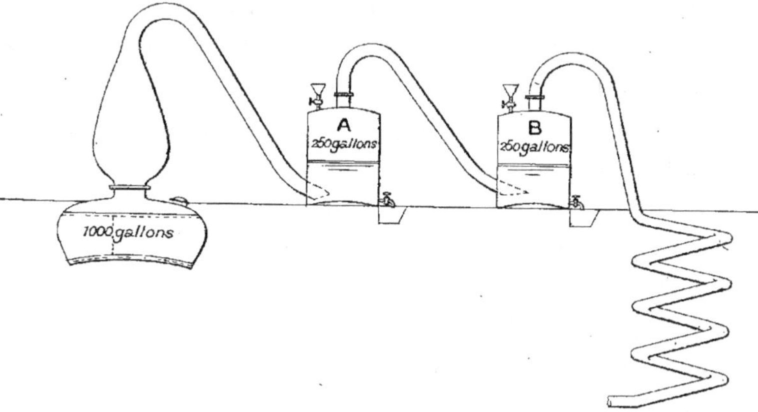

Fig. 18. — Appareil distillatoire en usage dans les rhummeries
de la Jamaïque. (Schéma.)

semblable au premier, et contenant comme lui de
l'eau alcoolisée. Enfin la vapeur sortant du deuxième
cylindre se rend au serpentin réfrigérant. Les cylindres portent en outre à la base et sur le côté un
robinet pour les vider et au sommet une ouverture
pour y introduire les petites eaux.

Il n'y a pas, comme dans l'appareil Labat, rétro-
gradation à la chaudière du liquide condensé. La distillation est poussée jusqu'au bout, mais à partir du

moment où le produit distille à quelques degrés au-
dessous du degré marchand, on reçoit dans deux
récipients à part les produits qui passent ensuite et
qui sont fractionnés en deux parties à peu près égales.
On continue jusqu'à ce qu'il ne passe plus que de
l'eau.

On vide alors les cylindres de cuivre (A et B) après
les avoir laissés refroidir, puis on verse dans celui
le plus rapproché de la chaudière en (A) les petites
eaux mises à part dans les dernières parties de la
distillation, et dans le deuxième cylindre (B) l'alcool
faible mis de côté au moment où l'on a cessé de
recueillir le rhum marchand ; enfin après avoir rechargé la chaudière on recommence une nouvelle
distillation.

Cet appareil est très simple, robuste, mais fort
encombrant. Il donne cependant de bons produits.
La chaudière est de 1 000 gallons (4 540 litres) et les
cylindres chacun du quart de cette capacité.

Moins encore qu'à la Martinique les distillateurs
de la Jamaïque se rendent compte de leurs pertes et
même de leurs rendements ; car avec l'emploi des
eaux de lavage, ils ne savent pas du tout quelle quantité de sucre ou de mélasse ils mettent réellement
dans leur composition.

Ils admettent ordinairement que 100 gallons de
mélasse leur donnent 80 gallons de rhum à 35 au-
dessus de la preuve, mais en réalité ils ne savent pas
ce qu'ils font.

Les rhums récents sont très bons sans être supérieurs à nombre de rhums martiniquais ; mais ceux d'exportation sont le plus souvent colorés et additionnés de sauces. Tous rappellent absolument ces affreux produits décorés en France du nom de rhum, et qui, comme le dit le peuple dans son langage expressif « sentent la savate ».

CHAPITRE II

HAÏTI

La production du rhum en Haïti est extrêmement importante, mais suffit à peine à la consommation locale. Haïti n'exporte pas de rhum (¹).

En Haïti, l'industrie du rhum porte le vieux nom français de « Guildiverie ». « Le Guildivier (rhum-
« mier) fabrique sans se rendre aucun compte de
« sa fabrication. Tout se fait dans le plus grand dé-
« sordre, rien n'est régi ou contrôlé. La mélasse est
« versée par bailles plus ou moins remplies dans les
« cuves, et quelques jours après, bonne à distiller ou
« non, la grappe est chauffée dans des conditions
« déplorables. Les ateliers sont dans un état de mal-
« propreté extrême, la grappe mal soignée, etc. Enfin
« on confond ici le tafia, les petites eaux et le
« rhum. C'est ainsi que les Guildiviers attestent
« que même avec des appareils compliqués on ne
« saurait obtenir le rhum au premier jet, ils certifient,

(¹) N'ayant pu me rendre en Haïti, je dois les renseignements qui font l'objet de ce chapitre à l'obligeance de M. le Consul de France en Haïti et à celle de M. Charles Alfred, consul de Haïti à la Martinique.

« et ce avec l'appui de leur 5o à 6o ans de pratique
« du métier, que le tafia obtenu par une première
« distillation doit être coupé à 19° Cartier (5o° Gay-
« Lussac); distillé à nouveau, recoupé à 22 Cartier
« (59° G.-Lussac), puis caramélisé pour devenir du
« rhum ([1])».

On voit par cette lettre ce qu'est le rhum en Haïti.
Il n'y a d'ailleurs aucune sorte de contrôle, car ni les
distillateurs ni le Gouvernement ne tiennent compte
des quantités fabriquées. Les distillateurs paient un
droit annuel et fabriquent ensuite à leur guise.

Il existe dans l'île une foule de petites rhummeries
qui fabriquent dans ces conditions un produit dont
je regrette de n'avoir pu me procurer un échantillon,
afin de pouvoir juger par moi-même de sa qualité
qui, dit-on, est fort inférieure à celle du rhum martiniquais.

L'alcoomètre employé dans le pays est celui de
Cartier.

La matière première est la mélasse des sucreries
de cannes, mélasse, paraît-il, fort riche, mais qui ne
pèse cependant que 35° Baumé environ (1,32). La
composition est faite ordinairement dans les proportions approximatives de :

Mélasse 10 à 15 volumes dissous dans $\begin{cases} \text{vinasse.} & 1/3 \\ \text{Eau.} & 2/3 \end{cases}$

([1]) Lettre d'Haïti communiquée par M. Charles Alfred. Il est
probable que le tafia, par suite de mauvaise fermentation, est telle-
ment mauvais qu'il n'est pas buvable sans cette rectification.

Soit :

Mélasse	12 litres.
Eau	55 »
Vinasse.	33 »
	100 litres.

La composition se fait en deux temps ; on met la quantité de mélasse et d'eau, et après que la fermentation a commencé, on ajoute la vinasse.

Quelques-uns mettent pour commencer la première partie de la mélasse et l'eau, ensuite la deuxième moitié de la mélasse puis la vinasse ou vidange.

La fermentation dure ordinairement une huitaine de jours, parfois moins, souvent plus.

Comme partout ailleurs, on n'ensemence jamais. Les cuves sont de toutes grandeurs « depuis 200 jusqu'à 10 000 litres » écrit un correspondant de M. Charles Alfred.

Les appareils à distiller sont en général intermittents, ceux à rectifier sont souvent continus et de fabrication française.

Il résulte de ce qui précède que la rhummerie en Haïti est encore plus primitive qu'à la Jamaïque et surtout qu'à la Martinique.

Ce qu'il y a de plus particulier dans le pays est la fabrication du rhum en deux temps ; dans la première distillation on obtient un produit d'une force moyenne de 50° Gay-Lussac (19° Cartier). Ce produit qui porte le nom de *tafia* est redistillé et amené à 59° centésimaux (22° Cartier) ensuite il est caramélisé, c'est alors le rhum marchand ou *clairin*.

Très souvent ces deux distillations sont faites par deux industriels différents.

Le Guildivier produit le tafia et le vend au distillateur qui le rectifie pour en obtenir du rhum à 22° Cartier qui porte le nom de *clairin*.

On donne aussi, paraît-il ce nom de clairin à une sorte de rhum fabriqué avec du vesou.

CHAPITRE III

ANTILLES ANGLAISES

SAINTE-LUCIE

Il n'existe dans l'île de Sainte-Lucie qu'une seule rhummerie qui fabrique un assez bon produit mais avec des rendements qui d'après le propriétaire lui-même sont fort mauvais.

Cette rhummerie installée à peu près comme à la Martinique produit par an 600 000 litres de rhum à 25° over proof (71 Gay-Lussac) dont le tiers environ est exporté.

Pour la consommation locale, le degré est réduit à 25 under proof (43 Gay-Lussac).

Comme dans toutes les colonies anglaises, toute la quantité de rhum fabriquée par le distillateur est envoyée au fur et à mesure dans le dépôt du Gouvernement.

Au moment de mon passage à Sainte-Lucie (juin 1901) le prix du rhum était de 1 schilling 3 pence le gallon, soit o fr. 33 le litre.

Droit de consommation. — Ce droit est de 4 schillings par gallon de rhum à la preuve anglaise, soit 1 fr. o5 par litre à 57-58° Gay-Lussac nets.

LA BARBADE

La Barbade n'exporte pas encore de rhum ; elle n'en fabrique que pour sa consommation locale qui est assez importante. Il y avait autrefois dans le pays trois ou quatre distilleries qui fabriquaient comme elles pouvaient un rhum à peu près passable.

Depuis trois ou quatre ans une grande distillerie s'est installée, mais cette distillerie est absolument fermée aux visiteurs et il m'a été impossible d'en obtenir l'entrée. Toutefois j'ai cependant pu me procurer des renseignements sérieux sur son fonctionnement. On a essayé dans cette rhummerie d'introduire la méthode scientifique, mais sans avoir une connaissance suffisante de la question.

Les cuves sont très grandes (10 000 gallons ou 45 400 litres). On emploie un mélange de mélasse et d'eau sans vinasse. On charge à la densité de 18° Balling (1,074).

On ensemence au moyen d'une sorte d'appareil de Hansen simplifié, mais l'appareil est sans doute médiocre et mal conduit, les ensemencements trop faibles et la levure quelconque.

Celle-ci est d'ailleurs impure. J'ai su en effet de source certaine que le rendement de cette distillerie est très médiocre quoique les fermentations y soient très rapides.

Quant au produit obtenu j'ai pu me le procurer chez

les marchands de la ville (Bridgetown) : il est dépourvu de tout arome. C'est de l'alcool assez fin, mais ce n'est pas du rhum.

L'appareil à distiller, continu, fournit de l'alcool à un degré fort élevé, mais pour la consommation il est réduit à 18 au-dessous de la preuve (under proof) ou 47° Gay-Lussac.

Le droit de consommation est de 2 schillings 6 pence par gallon de rhum à la preuve.

TRINITE OU TRINIDAD

Dans cette île il existe d'importantes fabriques de sucre dont les rhummeries ne sont que des annexes. La quantité de rhum fabriquée à la Trinidad est considérable et augmente peu à peu d'une manière très notable ([1]), surtout depuis que les producteurs de mélasse ne pouvant plus, à cause des droits de douane, écouler une grande partie de celle-ci à la Martinique ont dû songer à l'utiliser eux-mêmes.

Cette mélasse était moins estimée des rhummiers de Saint-Pierre que la mélasse Martinique ; cependant j'en ai fait plusieurs analyses complètes qui m'ont démontré que cette mélasse ne différait nullement de celle de notre colonie.

Toutefois la mélasse vendue à la Martinique était le plus souvent falsifiée par l'addition d'une sorte

---

([1]) Pour les quantités exportées et consommées, voir la statistique dans la première partie de ce volume.

d'argile gypseuse sans doute très abondante à la Trinidad et mise dans la mélasse pour en augmenter le poids ([1]). Cette mélasse délayée dans l'eau donnait une solution très trouble qui laissait déposer une poussière fine d'un blanc jaunâtre. Ce précipité lavé d'abord par décantation puis sur le filtre et enfin séché à 100° était fort peu soluble dans l'acide chlorhydrique et cela sans effervescence. Chauffé au rouge il foisonnait et perdait beaucoup d'eau (32 p. 100) sans charbonner. L'analyse a démontré que ce précipité n'était formé que de silicates insolubles HCl et de sulfate de chaux (15 p. 100) enfin d'une petite quantité d'acide phosphorique et d'oxyde de fer.

Cette addition présente en outre l'inconvénient de donner lieu à des dépôts très gênants de sulfate de chaux cristallisé sur les plateaux des appareils distillatoires.

La fabrication du rhum à la Trinidad est, dans ses détails, à peu près la même que celle employée à Demerari (Guyane anglaise) ; d'ailleurs quelques usines de la Trinidad appartiennent à la New Colonial Company qui en possède également plusieurs à Demerari.

La matière première est la mélasse; on n'emploie jamais la vinasse; la composition est faite dans la proportion de 1 volume de mélasse pour 6 volumes

---

([1]) Les mélasses sont, il est vrai, achetées au volume, mais ce volume est déduit lui-même du poids d'après la densité conventionnelle de 1,40.

d'eau, soit environ 15 p. 100 en volume et correspond à la densité 1,060. On ajoute partout un peu d'acide sulfurique et de sulfate d'ammoniaque. La composition est envoyée dans de grandes cuves dont la capacité varie entre 6 et 10 000 gallons, soit 27 240 à 45 400 litres (¹).

La fermentation s'établit d'elle-même et dure en général de 36 à 54 heures.

On n'ensemence jamais.

Rendement. — Le rendement serait paraît-il en moyenne égal à 50 gallons de rhum à 41 over proof (81 Gay-Lussac) pour 100 gallons de mélasse ce qui correspondrait à un rendement de 80 p. 100 en alcool à 55°. Très bon rendement, parfois atteint à la Martinique selon la qualité de mélasse.

Le degré marchand du rhum exporté est toujours 41 over proof (81 Gay-Lussac); pour la consommation locale ce degré est réduit à 18 under proof (47 Gay-Lussac.)

Le droit de consommation fort élevé est de 7 schillings 6 pence par gallon de rhum à la preuve, soit 2 fr. 10 par litre.

Appareils à distiller. — Ces appareils sont de plusieurs sortes .

(¹) Une grande partie de ces renseignements est due à l'obligeance de M. le Consul de France à la Trinidad.

1º Appareil intermittent pot-still primitif (voy. Guyane anglaise).

2º Appareil Coffey à colonne unique continu, mais nécessitant une double condensation, dispendieux.

3º Appareil Coffey à double colonne, analyseur rectificateur distinct, puissant et économique.

Ces deux derniers proviennent des ateliers Fawcett, Preston et Cº, Liverpool.

4º Appareils à colonne unique basés sur le principe de l'analyseur et du rectificateur de Coffey combinés; continus. Une seule condensation. Très modernes et très économiques mais non utilisables pour la distillation des mélanges de mélasse contenant du gypse ou d'autres substances minérales.

Fabricant HH. Campbell et Mº Lean, à Glasgow.

CHAPITRE IV

GUYANE ANGLAISE

VILLE PRINCIPALE DEMERARI OU GEORGETOWN

La Guyane anglaise est d'une grande étendue
(690 000 milles carrés anglais) et grâce aux travailleurs
indiens qui y sont transportés de Madras et de Cal-
cutta, la main-d'œuvre n'y manque pas comme dans
la Guyane française; aussi le pays est prospère et
l'industrie du sucre y est très développée. On n'y
compte pas moins de 58 usines à sucre dont plusieurs
sont très importantes. Ces usines sont réparties
dans tout le pays et surtout aux environs de Demerari.

La moyenne de ces dix dernières années donne
pour l'exportation du sucre le nombre considérable
de 118 700 tonnes, représentant environ 41 000 000 de
francs. Ce sucre est généralement roux.

La rhummerie est partout une annexe de ces usines
à sucre, et n'existe pas comme industrie indépen-
dante (¹). Certaines installations sont d'ailleurs très
importantes, exemple, Diamond, Nonpareille, etc.

(¹) Pour les quantités exportées voir la statistique dans la première partie de ce travail.

Matière première. — La matière première est partout la mélasse de 2e jet ($d = 1,41$) cette mélasse est assez parfumée.

Composition. — La composition est faite *sans vinasse*, seulement eau et mélasse ; on se règle sur la densité qui doit être de 12 à 12 1/2 Twalde soit 1 060 à 1 063, ce que l'on obtient en mélangeant 15 à 16 volumes de mélasse avec une quantité suffisante d'eau pour faire 100 volumes.

On emploie toujours le sulfate d'ammoniaque à la dose de 1 gramme à 1 gr. 5 par litre et simultanément l'acide sulfurique le plus souvent à la dose de 1 litre pour 2 000 litres de composition.

Cuves. — Les cuves sont généralement grandes ; les plus petites que j'ai vues étaient de 2 500 gallons (11 350 litres et les plus grandes de 10 000 gallons (45 400 litres). Ces cuves sont donc énormes si on les compare à celles de la Martinique.

Fermentation. — La fermentation est rapide : le plus souvent elle dure 48 heures à 3 jours au plus. De la densité 1 063 au début, la grappe tombe à 1 018-1 016, parfois même 1 010.

La température est très élevée dans ces cuves, elle atteint 40° et souvent même plus. J'ai constaté 107 et même 109° Fahrenheit (soit 41,6 et 42,7 centigrades) dans des cuves en pleine activité. Cette température est excessive.

On n'ensemence jamais, le dépôt (*lees*) existant au fond des cuves est jeté.

Levures. — Les levures que j'ai trouvées dans ces fermentations sont des levures rondes, petites (5 à 7 μ). Elles sont fort actives. Je n'y ai pas rencontré de schizosaccharomyces. Dans 4 rhummeries différentes des environs de Demerari j'ai pu prélever des échantillons de levures qui, purifiées, ont été expédiées à l'Institut Pasteur de Lille. Elles font partie de la collection de ce remarquable établissement. Les fermentations, tout en contenant beaucoup de bactéries, sont cependant relativement plus pures que celles de la Martinique.

Appareils distillatoires. — Ils sont de deux sortes : continus et intermittents.

Continus. — C'est partout l'appareil de Coffey construit en bois.

Intermittents. — L'appareil intermittent est assez particulier, c'est celui que l'on appelle là-bas pot-still. La chaudière est en bois, la distillation s'y fait à la vapeur. Les vapeurs alcooliques, par un chapiteau de même forme que celui de l'appareil Labat, se rendent dans une deuxième chaudière semblable, et de là dans un barbotteur au-dessus duquel est placé un réfrigérant tubulaire à circulation d'eau, lequel ramène à la chaudière les parties les plus aqueuses ; les plus alcooliques vont au serpentin.

Force alcoolique obtenue. — Le degré est le plus souvent de 46 à 47 over proof (84° à 84° 1/2 Gay-Lussac), mais très fréquemment il est de 60 over proof (92° Gay-Lussac). Ce rhum est ramené au degré marchand, c'est-à-dire 41 over proof (81° Gay-Lussac) pour l'exportation. On emploie pour cela, et de préférence, les petites eaux qui proviennent des appareils intermittents. Pour la consommation locale, ce degré est ramené à 25° au-dessus de la preuve (43° Gay-Lussac).

Rendement. — Le rendement, en général, n'est pas supérieur à celui obtenu à la Martinique ; il est même souvent moindre.

Ordinairement, dans le pays, on compte qu'il faut 2 volumes 1/2 de mélasse pour obtenir un volume d'alcool ou rhum à 60° au-dessus de la preuve (92° Gay-Lussac). Cela correspond à 1 vol. 5 de mélasse pour un volume de rhum à 55°, ce qui ne ferait que 66,7 p. 100 comptés comme à la Martinique.

Dans une rhummerie, 600 gallons de mélasse ont donné 240 gallons de rhum à 92° ou 40 p. 100. Cela correspond à $\dfrac{40 \times 92}{55}$, soit 67 p. 100 en rhum à 55°.

D'autre part, d'après les données fournies par M. Scard, de la New Colonial Company à Demerari, 259 867 gallons de mélasse ont fourni 131 902 gallons de rhum à 46 over proof ou (84° Gay-Lussac nets), ce qui donne 50,7 de rhum à 84° Gay-Lussac pour 100 volumes de mélasse, et en rhum à 55°

$$\frac{50,7 \times 84}{55} = 77,4,\ \text{rendement assez fréquent à la}$$

Martinique.

Droits de consommation. — Les droits de consommation pour le rhum sont fort élevés à Demerari et atteignent 8 schillings 4 pence par gallon de rhum à la preuve ($57°,4$ Gay-Lussac), soit environ 2 fr. 20 par litre de rhum à $57°$.

Ces droits, pour l'année 1899-1900 ont produit à Demerari la somme de 34 292 livres sterling (178 318 fr. 40), indépendamment du droit de licence, que les débitants paient pour avoir l'autorisation de vendre ce rhum. Ce droit est considérable et varie selon l'importance des quantités de rhum vendues par eux.

Coloration. — Le rhum de Demerari livré à l'exportation est fortement coloré par le caramel. La teinte est bien plus foncée que celle des rhums d'autres provenances et permet de le distinguer à première vue. Cette intensité de coloration est nécessaire afin qu'après réduction au degré de consommation ce rhum conserve une coloration suffisante pour le commerce.

La coloration de ce rhum Demerari à haut degré exige l'emploi d'un caramel spécial, doué d'un grand pouvoir colorant et très concentré, afin de faire perdre le moins possible de degré au rhum.

Enfin, et par-dessus tout, il est de toute nécessité que ce caramel ne trouble aucunement le produit et lui laisse tout son brillant sans le plus léger louche.

Le caramel ordinaire des rhummeries, préparé comme il a été dit (page 37) ne convient pas du tout pour le rhum à haut degré. Il y produit un précipité abondant qui se redissout aisément si l'on réduit le degré alcoolique en ajoutant un peu d'eau.

Ce caramel est, paraît-il, fabriqué avec de la mélasse et du sucre, auxquels on fait subir une très longue cuisson en ajoutant de l'eau à plusieurs reprises avant de le brûler. Le tout est alors repris par l'eau et amené à l'état de pâte ; cette pâte est délayée dans de l'alcool fort à l'aide d'un tamis contenant un feutre et placé au-dessus d'une baille. Le délayage est fait sur le tamis, et c'est la solution alcoolique ainsi obtenue qui sert à colorer le reste du rhum, placé dans de grands foudres où, sans doute, il dépose, s'éclaircit, puis est ensuite soutiré. Je dis sans doute, car quel que soit le procédé suivi, je dois avouer qu'il m'a été impossible d'obtenir, avec de la mélasse additionnée ou non de sucre, un caramel ne troublant pas le rhum à haut degré.

Un rhummier de Saint-Pierre ayant voulu fabriquer du rhum à haut degré comme à Demerari (¹) j'eus à m'occuper de cette question de caramel. Après de nombreux essais tout à fait infructueux, le mode opératoire suivant m'a donné un bon résultat.

Sucre turbiné..	125 kilg.
Eau de chaux bien limpide..	25 litres.
Eau ordinaire.	35 »

(¹) Le rhum ordinaire était ramené à 30° environ par addition de vinasse et soumis à une deuxième distillation, pour l'obtenir à 86°.

Opérer exactement comme il est dit page 37 en écumant avec soin au début. Éteindre simplement avec un peu d'eau et conserver en récipients clos.

Il est de la plus grande importance pour ce caramel que la bassine de cuivre soit bien propre et qu'il ne s'attache pas de sucre brûlé sur ses parois ([1]).

([1]) J'ai eu, par hasard, entre les mains, à la Martinique, un colorant artificiel désigné sous le nom de Caraméline et envoyé par une maison de Paris (à titre d'échantillon) pour donner la teinte du caramel aux rhums à haut degré.

Ce produit, mélange de plusieurs colorants, se présente sous la forme d'une poudre brun rouge, soluble dans l'eau et donnant un liquide brun foncé, dont quelques gouttes suffisent pour donner au rhum une coloration superbe, impossible à distinguer à l'œil de celle fournie par le caramel pur. De plus, la perte de degré dans ces conditions est insignifiante.

J'ai constaté que 0 gr. 15 de cette poudre par litre de rhum à haut degré suffisent pour lui donner la coloration intense du rhum Demerari.

La présence de ce colorant dans les rhums devant être considérée comme une falsification, j'ai cherché un moyen de le reconnaître dans ces liquides. Rien n'est plus facile, et voici le procédé auquel je me suis arrêté et qui m'a donné de très bons résultats.

Évaporer à sec, au bain-marie, 50 centimètres cubes de rhum suspect, reprendre le résidu par 10 ou 15 centimètres cubes d'eau, filtrer et ajouter quelques gouttes d'acide chlorhydrique, puis agiter doucement le liquide avec 2 à 3 centimètres cubes d'alcool amylique pur. Laisser reposer. S'il n'y a que du caramel, l'alcool amylique ne se colore pas ou seulement en jaune paille, tandis qu'en présence du colorant recherché l'alcool amylique se colore en un beau rouge un peu jaune et le liquide sous-jacent reste coloré en bleu violacé.

La matière colorante rouge dissoute dans l'alcool amylique se fixe aisément sur la laine.

En remplaçant dans l'expérience ci-dessus l'alcool amylique par le chloroforme, celui-ci reste incolore.

Je ne crois pas que cette matière colorante, peu connue à la Martinique, ait jamais été employée dans ce pays, je la signale pour le cas peu probable où elle le serait.

CHAPITRE V

GUYANE HOLLANDAISE

La Guyane Hollandaise fabrique et exporte peu de
rhum ; toutefois, depuis quelques années, cette industrie se développe et augmente dans le pays d'une
façon très notable. ([1])

La fabrication du rhum y est, comme à Demerari,
une annexe de celle du sucre. Il n'existe d'ailleurs à
Surinam que deux rhummeries travaillant pour l'exportation, elles constituent des dépendances des
plantations Alliance et Marienburg. Presque tout le
rhum exporté est expédié en Angleterre, son degré
est de 42 over proof ou 81°, 6 Gay-Lussac.

Les méthodes de travail employées dans ce pays
ne diffèrent pas sensiblement de celles en usage à
Demerari. La matière première est exclusivement la
mélasse qui est étendue d'eau *sans vinasse* jusqu'à ce
que le mélange pèse 8°,5 Baumé (soit 1,062 comme à
Demerari), cela correspond à peu près à 1 volume de

([1]) N'ayant pu m'arrêter à Paramaribo, les renseignements contenus dans cet article sont dus à l'obligeance de M. le Consul de
France en cette ville.

mélasse pour 6 d'eau. On ajoute du sulfate d'ammoniaque et de l'acide sulfurique dans les proportions ordinaires.

On n'ensemence jamais : la fermentation se déclare spontanément et dure en moyenne 3 à 4 jours. Partie de 8°,5 Baumé (1,062) la grappe, après fermentation, tombe généralement à 2° Baumé (soit 1,014). Les cuves sont de 18 000 litres. D'après les renseignements fournis par M. le Consul de France à Paramaribo, le rendement serait seulement de 25 litres d'alcool pur par 100 litres de mélasse, ce qui correspondrait à 46 litres d'alcool à 55° (rhum de la Martinique). *Ce rendement est extrêmement faible.* Je ne sais à quelle cause attribuer un si pauvre résultat.

On n'emploie pour la distillation que des appareils intermittents disposés de façon à donner du rhum à haut degré, car ainsi qu'il a été dit plus haut le rhum exporté est à 81°, 6 Gay-Lussac.

On se sert d'ailleurs, pour l'évaluation de la richesse alcoolique, du vochemeter hollandais et du bobbless anglais (voy, l'appendice à la fin de ce volume).

CHAPITRE VI

GUYANE FRANÇAISE

L'industrie rhummière est de très minime importance à la Guyane française ; après avoir subi des variations très grandes, elle ne représente plus guère que la 10me partie de la consommation locale, évaluée à 400 000 litres environ. Aussi cette colonie, loin de pouvoir exporter du rhum, importe-t-elle de la Martinique la plus grande partie de ce qu'elle consomme de ce produit.

En Guyane, comme aujourd'hui aux Antilles, la rhummerie était autrefois une industrie intimement liée au sort de la canne à sucre et à la production du sucre de canne, dont elle utilisait les résidus. Ainsi, de 1836 à 1840, la Guyane produisait 2 000 tonnes de sucre chaque année et, de plus, 430 000 litres de mélasse qui auraient pu fournir au moins 300 000 litres de rhum à 55° Gay-Lussac nets. A cette date, cependant, on n'en fabriquait que 80 000 litres.

Depuis cette époque, la canne, faute de main-d'œuvre, ayant cessé d'être plantée dans cette colonie [des 1 571 hectares cultivés en canne en 1836, il n'en restait plus, en 1883, que 15], la production du rhum suivit cette décroissance ; c'est ainsi qu'en 1883 elle n'était plus que de 1 500 à 2 000 litres. Mais à partir du moment où il n'y eût plus de cannes, nous voyons, fait extraordinaire au premier abord, la rhummerie prendre une importance plus grande que jamais , de 42 000 litres en 1886 elle atteint rapidement 261 000 litres en 1891, chiffre auquel elle se maintient à peu près jusqu'en 1895 ([1]).

La raison de ce fait est des plus simples. Le rhum se vendant en Guyane à un prix très rémunérateur, il se fonda plusieurs distilleries qui allèrent chercher à la Trinidad et à Demerari les mélasses qu'on ne trouvait plus sur place. Ces distilleries avaient à payer au fisc 1 fr. 10 par litre de rhum à 56° nets produit par elles, comme cela était déjà perçu sur celui importé dans la colonie.

A partir de ce moment, la fraude prit une telle extension qu'en peu d'années le budget de la colonie se trouva en déficit d'une somme de 350 000 francs environ, représentant ce qui était perçu autrefois sur les rhums importés, remplacés désormais par les rhums de fabrication locale.

Il fallut prendre des mesures énergiques ; celles adoptées le furent à ce point qu'en 1896 la production devint nulle (534 litres).

Cette industrie aurait même complètement dis-

______

([1]) La plupart des chiffres précédents ont été empruntés à une notice de M. Bassière sur la Guyane française, notice rédigée à l'occasion de l'Exposition de 1900.

paru si les distillateurs n'avaient trouvé le moyen d'obtenir, aux dépens il est vrai de la qualité du produit et surtout du rendement, des fermentations très rapides à peu près terminées en 24 heures. Ce système leur permit de se tirer d'affaire, malgré la grande quantité de matière sucrée gaspillée par eux.

Cependant en 1901 il n'existait plus que 3 distilleries ([1]) très rudimentaires, fabricant ensemble 40 à 45 000 litres de rhum par an.

La mesure à laquelle il est fait allusion plus haut, était la suivante :

Désormais l'impôt était établi non sur le produit fabriqué, mais sur la capacité des cuves servant à le fabriquer.

Il était fixé *par jour à neuf francs par hectolitre de la capacité des cuves ;* celles-ci étant supposées constamment en travail.

On s'étonnera sans doute, avec raison, d'une mesure aussi draconnienne, mais il faut comprendre que le conseil général de la colonie se souciait peu de voir se développer une industrie qu'il trouvait sans avantage ([2]) pour le pays, et qui lui procurait de

---

([1]) Non compris la distillerie de Saint-Maurice du Maroni appartenant à l'administration pénitentiaire et fabriquant pour le compte de celle-ci, chaque année, 100 000 litres de rhum de vesou, très médiocre d'ailleurs, lequel revient à plus haut prix que celui importé.

Ni la distillerie de Mana (tenue par les sœurs de Saint-Joseph de Cluny) qui fabrique une très petite quantité de rhum de vesou bien supérieur au précédent.

([2]) La main-d'œuvre en distillerie de mélasse est extrêmement

si désagréables surprises (déficit dans le budget).

Il préférait que le rhum fût importé ; il n'en coûtait d'ailleurs pas plus cher, il était meilleur, et par dessus tout, la perception du droit de consommation se faisait de la sorte très aisément sans fraudes et sans frais. Tandis que pour réprimer efficacement la fraude signalée plus haut, il eût fallu tout un personnel très coûteux.

---

faible ; cette industrie ne faisait donc vivre que quelques rares personnes.

La matière première employée en distillerie (mélasse) provenant de l'étranger, était, il est vrai, frappée de droits relativement élevés (18 francs environ par hectolitre) à l'entrée dans la colonie, mais les distillateurs l'avaient remplacé, *autant qu'ils l'avaient pu*, par des sucres turbinés ou bruts, donnant plus d'alcool et payant beaucoup moins à leur entrée dans la colonie (4 francs par 100 kilogrammes).

CHAPITRE VII

ILE MAURICE

L'île Maurice, ainsi qu'on peut le voir à l'article statistique, fabrique une assez grande quantité de rhum, de qualité, paraît-il, assez inférieure.

La matière première est exclusivement la mélasse. On fait en général quatre jets de sucre, et l'on n'emploie jamais le vesou ni les écumes. Ces mélasses restent en général longtemps en magasin avant l'emploi. Le produit a toujours un mauvais goût spécial qui le rend presque invendable sur les marchés européens. Ce mauvais goût doit tenir sans doute autant à la qualité inférieure des mélasses qui sont anciennes et très épaisses qu'à des fermentations vicieuses.

M. Bonâme pense que l'emploi que l'on fait à Maurice de l'acide sulfureux et du superphosphate de chaux en sucrerie est pour beaucoup dans la production de ce mauvais goût ([1]). Sans nier absolument la possibilité de cette cause, je dois cependant faire remarquer

---

([1]) Les renseignements ci-dessus sont dus à l'obligeance de M. Bonâme, directeur de la station agronomique de l'île Maurice, et chimiste distingué.

que l'on emploie presque partout à la Martinique l'acide sulfureux et le superphosphate sans que l'on ait jamais observé que cela influençât la qualité du rhum. Il est vrai que les mélasses employées à la Martinique sont de deuxième jet seulement.

Composition. — La mélasse est étendue d'eau de façon à avoir une composition pesant 10 à 11° Baumé (1 075 à 1 082), *sans vinasse*. On ne mesure d'ailleurs ni l'eau ni la mélasse, et il n'existe aucune espèce de contrôle en distillerie. Enfin, on n'ajoute ni acide sulfurique ni sulfate d'ammoniaque aux compositions. Par contre on pratique une sorte d'ensemencement en laissant au fond des cuves après chaque fermentation terminée, une certaine quantité de moût, c'est-à-dire un pied de cuve sur lequel on fait arriver l'eau et la mélasse. La fermentation part immédiatement et dure 4 à 5 jours.

Les cuves fort grandes sont en maçonnerie doublée de plomb. Leur capacité atteint 20-25 et même 30 mètres cubes, soit 30 000 litres.

Rendement. — On estime à Maurice que 100 litres de mélasse fournissent 30 à 33 litres de rhum à 30° Cartier (79° Gay-Lussac), ce qui ne ferait que 23,7 à 26 litres d'alcool pur correspondant seulement à un rendement de 43,1 à 47,2 en alcool à 55° (degré du rhum martiniquais.)

Ce rendement extrèmement faible, prouve bien que la matière première est détestable et sans doute aussi que la fermentation s'opère dans des conditions très défectueuses.

Distillation. — La distillation se fait dans des appareils continus fabriqués à Maurice et dérivés plus ou moins des appareils continus Cellier Blumenthal ou Deroy, le plus souvent bizarrement modifiés.

La force de l'alcool est constatée au moyen de l'alcoomètre Cartier. Le rhum destiné à l'exportation est toujours à 30° Cartier (79° Gay-Lussac). Celui consommé dans le pays est à 23° Cartier (soit 62° Gay-Lussac).

CHAPITRE VIII

RÉUNION

Notre colonie de la Réunion fabrique une assez grande quantité de rhum dont la plus grande partie est consommée dans le pays [1].

A la Réunion, le vieux nom français de *guildive* et de *guildiverie* est toujours en usage pour désigner le rhum et les rhummeries. De même on dit l'industrie *guildivière* pour l'industrie rhummière.

Matière première. — La matière première est presque toujours la mélasse de cannes provenant des masses cuites de 3e et 4e jets [2].

Ce n'est que d'une façon tout à fait exceptionnelle que l'on emploie le vesou : dans ce cas le produit s'appelle arack ou eau-de-vie de cannes.

La densité de cette mélasse est en général de 38° Baumé (1,357) mais varie entre 34 et 40 Baumé (1,308 à 1,383). Sa composition paraît différer sensiblement

---

[1] Voy. pour les quantités l'article statistique dans la première partie du volume.

[2] Les renseignements contenus dans cet article sont, presque en entier, dus à l'obligeance de M. Léon Colson, directeur des établissements du Gol à Saint-Louis (Réunion).

de celle des mélasses des Antilles et des Guyanes.
Elle est moins riche en matières sucrées totales.
Ainsi elle contient de 36 à 4o p. 1oo (en poids) de
saccharose et seulement 9 à 15 de réducteurs, tandis
que ces dernières (voir page 2o) contiennent 3o à 4o
de saccharose et 32 à 22 de réducteurs, soit 63 à 64
de sucres fermentescibles totaux au lieu de 51 à 52
dans la mélasse de la Réunion.

« *Composition* » *ou moût.* — Les « compositions » ou moûts sont préparées à l'ordinaire sans
vinasse ; quelquefois cependant on la fait entrer dans
la préparation des moûts, mais seulement dans la
proportion de 3o à 35 p. 1oo au plus. Presque toujours on ne prépare les moûts qu'avec de l'eau et de
la mélasse. Pour la proportion de mélasse à employer,
on se règle sur la densité du moût qui doit atteindre
8 à 9° Baumé (1,o58 à 1,o72) pendant l'été. On n'emploie jamais le sulfate d'ammoniaque et rarement
l'acide sulfurique, ce dernier à la dose de un litre
pour 1 ooo litres de moût, ce qui est exagéré.

Cuves. — La capacité des cuves est très variable
et va de 1 8oo litres à 11 ooo. Cette dernière dimension est de plus en plus usitée.

Fermentation. — La fermentation est fréquemment spontanée, mais le plus souvent elle est provoquée par l'addition au moût frais de moût en pleine
fermentation. On remplit une cuve aux 2/3 avec le

mélange d'eau et de mélasse et le dernier tiers est emprunté à une cuve en pleine activité.

En général ces fermentations durent trois jours. Parties de la densité 1,070, elles tombent à 1,020 environ, la température ne dépassant pas + 40 pendant la durée de la fermentation.

Rendement. — Le rendement est très variable, selon les rhummeries. En général à la Réunion, on considère comme un bon rendement la production de 5o litres de rhum à 54° (27 litres alcool pur) pour 100 litres de mélasse à 38° Baumé (1,357).

Il est facile de démontrer cependant que ce rendement est très faible et la perte considérable.

Suposons en effet une mélasse Réunion présentant la composition moyenne :

Saccharose 36 p. 100,

Inverti 15 p. 100 en poids ([1]),

Cela correspond à $36 \times 1,05 = 36,80$; plus 15 d'inverti, soit au total 51,80 de sucre fermentescible total pour 100 grammes de mélasse et à $51,80 \times 1,36 = 70$ gr. 44 de *sucre fermentescible total* pour 100 centimètres cubes, soit 70 kilog. 440 pour 100 litres de mélasse.

Or cette quantité de matière fermentescible doit *théoriquement* fournir $70,440 \times 0,61 = 42$ l., 96 d'alcool pur à 100° G.-L. Cependant on n'en obtient que 27 litres pour 100 litres de mélasse. La perte est

---

([1]) A la densité 1,36 correspondant à 38° Baumé.

donc (pour 4 l., 96) de $42,96 - 27 = 15,96$ et p. 100 $\frac{15,96 \times 100}{42,96}$ ou 37,1. Autrement dit, *on n'a obtenu qu'à peine* 63 p. 100 du rendement théorique et la perte a été de 37 p. 100, perte plus forte qu'à la Martinique où calculée de même elle atteignait 25 à 30 p. 100 au plus du rendement théorique.

Appareils distillatoires. — Les appareils employés à la Réunion sont de toutes sortes et dus aux constructeurs Savalle, Egrot, Cail, etc. On emploie également l'appareil dit « du pays », lequel ressemble à l'appareil Champonnois, avec cette différence que le chauffe-vin est muni d'un serpentin et placé à côté de la colonne. Ce dernier appareil est à feu nu, les autres sont à vapeur. Tous ces appareils sont des appareils continus.

QUATRIÈME PARTIE

APPLICATION DES MÉTHODES SCIENTIFIQUES A LA FABRICATION DU RHUM

CHAPITRE PREMIER

NÉCESSITÉ D'ABANDONNER LES MÉTHODES ROUTINIÈRES

L'exposé assez complet qui vient d'être tracé des méthodes usitées pour la fabrication du rhum dans divers lieux de production, prouve bien que les procédés employés sont très rudimentaires.

Presque tous les rhummiers ignorent complètement l'existence de la levure et surtout le rôle capital qu'elle joue dans la fermentation. Aussi personne ne s'en préoccupe.

Partout on ne pratique que la fermentation dite spontanée, c'est-à-dire livrée au hasard.

En général le rhummier mélange sa mélasse avec de l'eau et de la vinasse dans des proportions qui varient peu ; il y ajoute du sulfate d'ammoniaque et de l'acide sulfurique (qui pour lui sont des ferments) puis tout est dit. Le hasard fait le reste. Parfois cependant ses fermentations marchent à peu près bien, car aux Antilles où il n'y a pas d'arrêt dans la végétation, la levure ou plutôt les levures abondent. Il y en a partout, sur les tiges de cannes, dans toutes les poussières des fabriques de sucre, etc., et par conséquent dans les mélasses ou les vesous.

Mais quelle irrégularité dans les fermentations ! et quelles différences dans les résultats obtenus avec la même matière première. Enfin quelles pertes !...

C'est du hasard que dépend en effet dans ces conditions la qualité de la levure à laquelle est due la fermentation. C'est du hasard que dépend également la quantité de levure mise en œuvre.

D'autre part s'il existe des levures dans les poussières de l'air et sur la canne, il y existe encore infiniment plus de moisissures et de bactéries de toutes sortes : aussi les cuves en fourmillent ! Ces bactéries nuisent aux levures, consomment du sucre en pure perte et causent, ainsi qu'il a été expliqué plus haut (voir p. 104) les mauvais rendements.

Là le hasard a encore sa part. De ces faits découle nécessairement l'obligation d'opérer d'une façon méthodique c'est-à-dire raisonnée et scientifique.

Grâce aux admirables travaux de Pasteur et de ses élèves, on sait aujourd'hui isoler une levure des bactéries et germes divers qui l'accompagnent, on sait élever les levures, les conserver, les cultiver à l'état de pureté, de façon à pouvoir les étudier séparément, et choisir ensuite à coup sûr, dans le nombre, celle qui conviendra le mieux aux conditions de milieu

et de température dans lesquelles on doit opérer ;
c'est-à-dire celle qui, dans ces conditions, donnera
à la fois le meilleur rendement et le meilleur produit.

On est donc à même de choisir sa levure comme
le producteur de betteraves choisit la graine qui lui
donnera la meilleure et la plus abondante récolte,
faisant ainsi de la sélection raisonnée.

Dans ces conditions, le hasard *peut* et *doit* être
banni de la fabrication du rhum au lieu d'y jouer le
principal rôle.

En effet, puisque, d'une part, ce sont les bactéries
qui causent les mauvais rendements, il faut se débarrasser d'abord de ces bactéries; enfin, puisque,
d'autre part, c'est de la qualité de la levure que dépend
à la fois la bonne marche de la fermentation et même
en partie l'arome du produit (voy. p. 99), il convient
d'ensemencer les moûts avec une levure pure (¹) dont
les propriétés soient bien connues. Cette levure au

(¹) Les procédés de purification et surtout de sélection des levures (voir page 196) quoique simples, sont cependant impossibles
à pratiquer pour celui qui n'a pas une certaine habitude du laboratoire. — Mais cela ne doit pas effrayer les rhummiers car il
existe en France et en Europe quelques établissements qui se
chargent de ces opérations et peuvent leur fournir de bonnes levures
de rhum très pures, avec mode d'emploi. — D'autre part, il suffirait que les distillateurs sussent prélever eux-mêmes, dans leurs
meilleures cuves, un échantillon convenable de moût pour l'expédier à ces établissements qui en purifieraient la levure puis la leur
renverraient pure et en quantité nécessaire pour la mise en marche de la rhummerie. — Mieux vaudrait encore dans les pays où il
existe plusieurs rhummeries, que leurs propriétaires pussent s'entendre pour entretenir à frais commun un petit laboratoire spécial
dirigé par un chimiste bactériologiste qui pourrait sur place puri-

moment de l'ensemencement doit être non seulement pure mais encore en pleine voie d'active prolifération en présence d'air pur; c'est-à-dire douée de la plus grande activité possible et pour cela, produite au moyen d'appareils réalisant les conditions d'aération bien connues aujourd'hui comme capables de lui donner cette activité maxima.

---

fier leurs levures, les sélectionner, conserver les meilleures à l'état de pureté afin d'en fournir à chacun selon ses besoins.

Ce chimiste pourrait de plus établir un contrôle chimique permettant à chacun de se rendre compte de ce qu'il fait.

CHAPITRE II

MÉTHODES MODERNES. LEURS PRINCIPES

FERMENTATION EN CUVE ASEPTIQUE

Pour se débarrasser réellement des bactéries il n'existe qu'un moyen radical : opérer la fermentation en *cuves closes*, stérilisées par un courant de vapeur avec tout le moût qu'elles contiennent. Ce procédé est pratiqué en grand dans le nord de la France, à Seclin notamment, à la distillerie de M. Aug. Collette, où l'on voit d'immenses cuves de 100 000 litres (procédé « Amylo ») fonctionner d'une façon aussi aseptique (c'est-à-dire exempte de bactéries) qu'un simple ballon de laboratoire. Dans ces conditions, il n'y a plus de développement de bactéries et, avec des moûts de grains, le rendement atteint 97,5 p. 100 du rendement théorique (¹).

Dans ces cuves, la levure, ne rencontrant pas de concurrents qui lui disputent la place, se reproduit avec une rapidité extraordinaire sous l'influence

---

(¹) A la Martinique avec un appareil analogue mais moins perfectionné, j'ai pu obtenir, selon les levures, de 92 à 94,5 p. 100 du rendement théorique, tout en employant des moûts de un tiers plus concentrés qu'à l'ordinaire.

d'un courant d'air stérilisé que l'on y fait passer pendant quelques heures après l'ensemencement. Aussi quelques grammes de levure pure suffisent pour ensemencer une cuve de 100 000 litres. Il s'agit donc seulement de faire choix d'une bonne levure et de la conserver pure par les procédés usités en bactériologie industrielle.

Ce procédé est parfait. Nul doute pour moi que ce ne soit là le procédé de l'avenir, car il présente les énormes avantages de supprimer complètement les accidents de fabrication, d'exiger un matériel et un emplacement infiniment moins considérable, enfin d'obtenir un rendement supérieur de 20 p. 100 *au moins* aux procédés ordinaires de rhummerie, tout en fournissant un produit toujours identique à lui-même avec la même matière première et la même levure.

Mais aux Antilles françaises et presque partout, les esprits ne sont pas encore mûrs pour accepter un changement aussi complet dans les habitudes traditionnelles. Il faut pour cela du temps et surtout il faut que les distillateurs comprennent qu'il est de leur intérêt de marcher avec le progrès !

ENSEMENCEMENTS PAR LEVAINS PURS

A côté du procédé radical de la fermentation en cuves aseptiques qui supprime la bactérie, il en est un autre qui réduit son rôle au minimum.

Ce procédé consiste à utiliser les cuves ordinaires, mais en ayant le soin d'introduire dès le début, avant le moût que l'on ajoute peu à peu ensuite, une quantité assez forte $\left(\dfrac{1}{10} \text{ à } \dfrac{1}{20} \text{ du volume de la cuve}\right)$ de levure pure très active, préparée spécialement pour cet usage au moyen d'appareils particuliers. Ces appareils permettent d'obtenir dans un volume restreint de liquide une grande quantité de levure d'une vigueur exceptionnelle tout en restant absolument pure.

On pratique donc dès le début un ensemencement abondant de levure pure. Cette quantité de levure ainsi introduite peut, grâce au nombre de ses cellules, lutter victorieusement contre les bactéries du moût et prendre possession du terrain malgré elles. Dès lors la fermentation s'établit de suite avec la plus grande activité et se termine en un temps beaucoup plus court qu'à l'ordinaire, c'est-à-dire en deux ou trois jours au plus.

L'influence de la quantité de levure sur la durée de la fermentation est un fait bien connu de tous les distillateurs. En Belgique sous l'influence d'une législation fiscale particulière qui faisait payer l'impôt d'après la capacité des cuves, on était arrivé, en employant pour l'ensemencement des quantités considérables de levure, à achever les fermentations en trente heures, parfois même en vingt-quatre. On pourrait donc, à la Martinique, avoir en quarante-huit ou soixante heures des fermentations parfaitement terminées.

On conçoit donc que, dans ces conditions, les bactéries jouent un rôle bien moindre et que le rendement soit environ de 15 p. 100 plus élevé.

C'est là un fait que j'ai vérifié à la Martinique, bien que je n'eusse à ma disposition qu'un appareil à levain pur, construit sur place, d'une façon économique et par conséquent assez défectueux (Voy. p. 160).

Je suis persuadé qu'avec l'un des excellents appareils à levains purs que l'on construit aujourd'hui, particulièrement celui de M. Barbet, les résultats eussent été encore meilleurs (Voy. p. 170).

Il importe en effet qu'une levure destinée à être ensemencée soit aussi aérée que possible (¹), car il est absolument démontré que dans ces conditions elle est beaucoup plus active qu'une autre levure obtenue selon le mode ordinaire. Il semble qu'il soit nécessaire que la levure emmagasine de l'oxygène pour pouvoir ensuite accomplir avec énergie son rôle de ferment lorsqu'elle en est privée.

Il faut donc, si l'on veut obtenir le maximum d'effet, que la levure pure *soit obtenue au moyen d'appareils tenant sérieusement compte de cette vérité : jamais la levure destinée à être ensemencée n'est assez aérée.*

(¹) Avec de l'air stérilisé, c'est-à-dire privé de ses germes, par son passage au travers d'une couche de coton stérilisé.

Le choix de l'appareil à levain a donc son importance.

ENSEMENCEMENTS ORDINAIRES. CUVES MÈRES ET PIEDS DE CUVE

Enfin, avec beaucoup de soins, on peut employer avantageusement le système des cuves-mères et pieds de cuves.

Dans une brochure([1]) en forme d'instruction écrite pour l'usage des rhummiers de la Martinique, et que j'avais rédigée à dessein d'une façon aussi élémentaire que possible, je proposais l'emploi d'une cuve-mère mise en train au moyen d'un fort *pied de cuve* préparé en partant d'une petite quantité de levure pure, (fournie par un laboratoire spécial) et de moût préalablement stérilisé, puis refroidi rapidement à l'abri de l'air.

Tout le moût entrant dans la cuve-mère était, bien entendu, stérilisé par la vapeur dans une cuve particulièrement disposée à cet effet (couverte et pouvant communiquer par un tuyau avec la première) puis refroidi par un serpentin intérieur dans lequel circulait un courant d'eau froide.

La fermentation étant en pleine activité dans la cuve-mère, on répartissait la plus grande partie de son contenu dans une série de cuves à raison de 1/10 de la capacité de chacune. Puis on y faisait arriver peu à

([1]) Notions élémentaires et pratiques sur la fermentation. — Fort-de-France (Martinique) imprimerie du Gouvernement, février 1902.

peu le moût ordinaire, non stérilisé, de la rhummerie. Après fermentation, on soutirait le moût, en
ayant soin de laisser au fond de la cuve-mère un
pied de cuve sur lequel on coulait à nouveau du
moût stérilisé puis refroidi, et ainsi de suite. Des
détails minutieux étaient donnés dans cette brochure
pour la conduite des opérations.

Il fallait, bien entendu, renouveler assez fréquemment les pieds de cuve (tous les quinze jours environ) en partant à nouveau de levure pure expédiée
par le laboratoire fournisseur. Avec cette levure on
préparait d'abord, au moyen de moût stérilisé, deux
levains successifs de 10 en 10 fois plus grands, le
dernier étant suffisant pour former le pied de cuve de
la cuve-mère.

Ce système *un peu primitif*[1] et certainement
inférieur aux précédents avait l'avantage de pouvoir
être mis en pratique à très peu de frais, et de permettre d'utiliser avec de très faibles modifications le
matériel existant dans toutes les rhummeries, sans
nécessiter l'achat d'appareils spéciaux venus d'Europe. Il n'en constituait pas moins un progrès sur les
méthodes employées en rhummerie aux Antilles, et
je regrette que la fin de mon séjour à la Martinique
ne m'ait pas permis de l'appliquer. Peut-être, ce premier pas accompli, eût-il été possible de décider les
rhummiers à faire mieux[1].

---

[1] Voir page 187 et suivantes la pratique de ce procédé.

NÉCESSITÉ DE PRENDRE PLUS DE SOINS DE LA MATIÈRE PRE- MIÈRE ET DE TENIR LES ATELIERS AVEC LA PLUS EXTRÉME PROPRETÉ.

Voilà donc les meilleurs moyens de faire la chasse aux bactéries et par conséquent d'améliorer les rendements; mais avec les deux derniers surtout il est un certain nombre de précautions qu'il ne faut pas négliger si l'on veut qu'ils aient toute leur efficacité.

Ces précautions consistent :

1° En un soin tout particulier de la matière première, la mélasse, afin qu'elle ne soit pas souillée comme elle l'est toujours par une foule de poussières et de débris ; (voir matières premières employées, conservation des mélasses, pages 22 et 23).

2° En une meilleure disposition des ateliers et une propreté minutieuse et parfaite de toutes leurs parties (voy. page 58).

CHAPITRE III

LES BACTÉRIES NE SONT PAS NÉCESSAIRES
A LA PRODUCTION DE L'AROME DU RHUM

Expériences qui ont permis d'établir ces conclusions. — La nécessité de cette propreté minutieuse qui est un des bons moyens de faire la chasse aux bactéries n'est d'ailleurs pas une chose dont les rhummiers soient encore bien convaincus. L'un des plus intelligents d'entre eux me disait, il y a quelque temps, qu'à son avis la présence des bactéries, dont je lui parlais, était nécessaire pour la production de l'arome du rhum, et que par conséquent mieux valait perdre du rendement, et avoir plus d'arome, puisque c'était cet arome qui faisait la valeur du produit.

L'arome du rhum est dû d'abord à la matière première puis à la levure et à diverses autres causes énumérées page 98 et suivantes. Je ne partageais donc pas l'avis de ce rhummier ; toutefois je pensai cependant que cette objection devait être prise au sérieux, et que l'on n'y pouvait répondre que par l'expérience.

Pour cela il fallait faire fermenter en milieu aseptique un moût de mélasse préalablement stérilisé, conservé à l'abri de toute contamination puis ensemencé avec une levure prise dans les cuves de la rhummerie où se faisait l'expérience (¹). Cette levure ayant été, bien entendu, amenée à l'état de pureté par les procédés ordinaires. La fermentation terminée, il fallait ensuite distiller la grappe dans un appareil à peu près industriel du modèle de ceux employés dans le pays.

Enfin il restait à comparer au point de vue arome le rhum ainsi obtenu avec celui produit au même instant dans la rhummerie avec les mêmes matières premières.

C'est ce qui a été fait. Je dirai de suite que le résultat obtenu a été conforme à mes prévisions. L'arome du rhum n'est donc nullement dû à la présence des bactéries.

En effet M. Agis Garcin, chef de fabrication des rhummeries Knight, expert consommé, n'a trouvé aucune différence entre le rhum obtenu en levure pure et celui fabriqué au même instant par la rhummerie.

Le rhum ainsi obtenu en levure pure possédait également et avec la même intensité que celui de la rhummerie, cette propriété que possèdent les rhums

---

(¹) Ces expériences ont été faites dans les rhummeries de M. le sénateur Knight auquel je dois tous mes remerciements pour l'hospitalité qu'il a bien voulu donner en cette circonstance à mes appareils.

industriels de produire une sorte de mousse fine lorsque l'on frotte vivement les deux mains l'une contre l'autre après avoir versé quelques gouttes de ce liquide dans le creux de l'une d'elles. Les rhummiers appellent cette propriété : le *gras* et y attachent une certaine importance.

Le rhum obtenu par fermentation en levure pure n'était donc pas inférieur à l'autre, même au point de vue industriel. Je reste persuadé que si j'avais eu à ma disposition une grande cuve aseptique de 25 à 30 000 litres ou plus encore, de façon à pouvoir utiliser l'un des grands appareils à colonne de la rhummerie, le produit obtenu eût été supérieur comme arome et comme gras à celui obtenu de la façon ordinaire.

Au point de vue rendement les résultats obtenus ainsi avec diverses levures pures ont été de 20 p. 100 *au moins* supérieurs aux rendements ordinaires ([1]).

([1]) Dans certaines expériences faites en levure pure surtout au point de vue du rendement la composition a pu être faite à 18 p. 100 de mélasse (en volume) soit un tiers de plus qu'à l'ordinaire et cependant le rendement a été excellent en voici un exemple :

Composition employée.

Mélasse	18 litres.
Vinasse	42 —
Eau et vapeur pour faire	100 —

Densité du mélange.

Avant fermentation	1,095
Après —	1,020
Chute	0,075

Dans certaines rhummeries moins bien tenues, la différence eût été encore plus grande. Je dois ajouter que les essais faits avec les levures du groupe *schizo-saccharomyces* ne m'ont pas donné de bons résultats.

Les rendements ont toujours été calculés dans tous les cas en partant de la teneur du moût en matière sucrée, ainsi qu'il a été expliqué page 102.

APPAREILS EMPLOYÉS POUR CES EXPÉRIENCES

1° *Appareil distillatoire.* — Pour ces expériences j'avais heureusement à ma disposition un alambic Privat de 500 litres de capacité utilisable (voy. figure 12 p. 68) fourni par l'administration locale. On sait que la grandeur de la chaudière influe dans une certaine mesure sur l'arome de l'alcool distillé. Pour s'en convaincre, on peut, ainsi que je l'ai fait, distiller la même grappe dans des appareils de verre de quelques litres, dans un petit Labat de 50 litres et dans

---

Sucre fermentescible total (voir note de la page 28) 16 gr. 6 pour 100 centimètres cubes d'où rendement théorique $16,6 \times 0,61 =$ 10 l., 13 d'alcool à 100° par hectolitre de moût (voir note de la page 103), alcool obtenu au Salleron 9,5 p. 100 en volume ; le rendement réel est donné par le rapport entre le rendement théorique et la quantité d'alcool obtenue ; il sera donc donné par la propor-tion $\dfrac{10,13}{9,5} = \dfrac{100}{x}$ d'où $x = \dfrac{950}{10,13} = 93,78$ ou 93,8. Le rendement a donc été les 93,8 centièmes du rendement théorique et la perte $100 - 93,8 = 6,2$ p. 100.

En n'employant pas de vinasse j'ai pu obtenir jusqu'à 94,7 de rendement théorique réduisant la perte à 5,3 p. 100.

un appareil de plusieurs centaines de litres. On

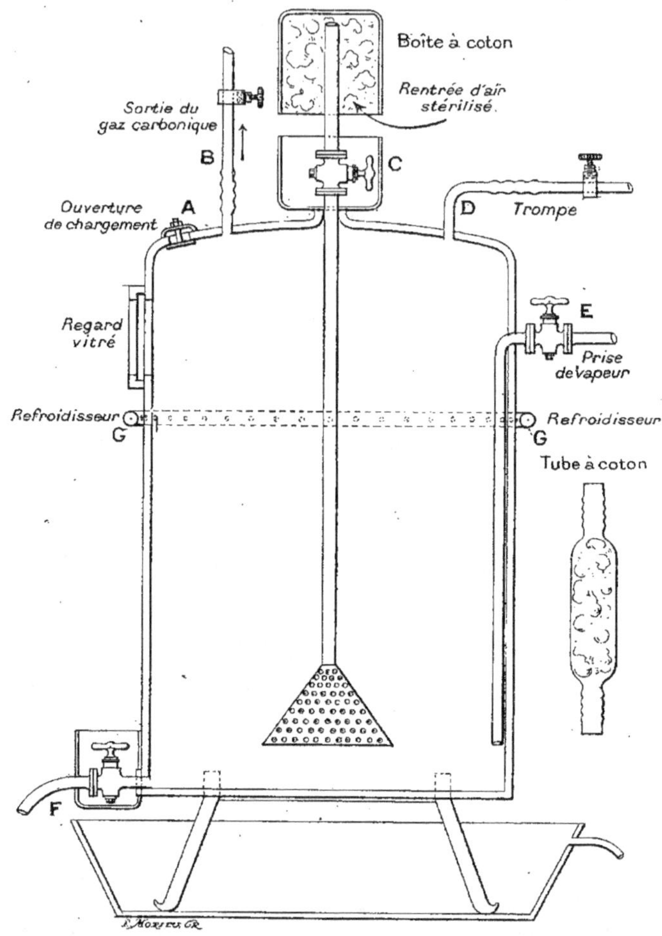

Fig. 19. — Appareil d'essais pour fermentations pures.

aura des produits différant les uns des autres par l'arome.

Je considère que la capacité utilisable de 5oo litres

pour une chaudière est la grandeur minima à employer pour obtenir de bons produits. (Voy. cet appareil, fig. 12, p. 68).

2° *Appareil pour fermentation aseptique.* — Pour produire une fermentation pure dans un milieu aseptique, il me fallait un récipient spécial. J'ai fait construire, à Saint-Pierre même, un appareil fort simple (voy. la figure 19 ci-contre) qui, bien qu'assez imparfait, m'a rendu de grands services. J'ai pu vérifier à plusieurs reprises que les fermentations s'y maintenaient parfaitement pures.

Cet appareil se compose (voy. la figure 19 ci-contre) d'un récipient cylindrique en cuivre étamé de 700 litres de capacité totale (pour 500 utilisables). Ce cylindre repose sur un solide trépied disposé lui-même au centre d'une sorte de cuve plate en fer (en forme de tub) à parois peu élevées et munies d'un trop plein sur l'un de ses bords.

Ce cylindre est muni à la partie inférieure d'un bon robinet de vidange bien étanche dont la clef pour plus de sûreté est noyée dans de l'eau formolisée contenue dans un petit récipient qui l'entoure. Ce liquide a surtout pour but d'empêcher les poussières et par conséquent les bactéries de l'air de s'introduire par là dans le moût.

A la partie supérieure et sur une de ses parois le cylindre est muni d'un regard de verre à joints très soignés, et placé à une hauteur convenable de façon à ce que l'on puisse voir la surface du liquide intérieur, dont le volume (5oo litres) atteint presque le sommet du regard à la fin de la stérilisation.

Sur l'autre paroi est placé un robinet à pointeau pour l'arrivée de la vapeur sous pression provenant de la chaudière de l'établissement. Ce robinet communique avec un tube de cuivre de 8 à 10 millimètres de diamètre placé à l'intérieur du cylindre et plongeant jusqu'au fond.

Enfin ce cylindre est muni d'un couvercle soigneusement soudé à demeure de façon à ne présenter aucune fuite.

Ce couvercle porte divers ajutages.

1° Une ouverture circulaire A de 5 à 6 centimètres de diamètre destinée à l'introduction du moût au moyen d'un tuyau recourbé et d'une pompe à bras. Cette ouverture peut être hermétiquement fermée au moyen d'une plaque de plomb écrasée par un fort écrou, serrée par une clef puissante.

2° Un tube court et droit B sur lequel s'adapte un tube de caoutchouc pouvant être fermé au moyen d'une pince à vis. A ce caoutchouc on ajuste au moment voulu un tube à coton stérilisé pour éviter des rentrées d'air impur.

3° Un tube central C plongeant jusqu'au fond du cylindre où il se termine par un entonnoir renversé et percé de trous. Ce tube est muni à la partie supérieure d'un bon robinet (dont la clef est noyée dans de l'eau formolisée contenue dans un petit récipient qui l'entoure) et enfin d'une boîte à coton stérilisé. Ce tube est destiné à la rentrée d'air pur qui se stérilise par son passage au travers du coton.

4° Un tube de cuivre D recourbé et muni d'un caoutchouc pouvant être fermé par une pince à vis et mis en communication avec une trompe de façon à aspirer de l'air lequel rentre par le tube C, sort par le tube B après avoir traversé tout le moût.

Fonctionnement de l'appareil. — Pour mettre l'appareil en marche on commence par stériliser le tube et la boîte à coton (préalablement enveloppés de papier) par un passage de 20 minutes au four Pasteur à la température de 175°.

Pour une première expérience il est bon de procéder à un nettoyage général du cylindre en y faisant passer pendant un temps assez long un vigoureux jet de vapeur ; tout étant ouvert, l'eau condensée s'écoule par la partie inférieure. Puis après refroidissement on ferme les 3 robinets, on ouvre l'écrou, et l'on remplit l'appareil jusqu'à la hauteur voulue, d'une composition de mélasse, faite plus concentrée qu'à l'ordinaire, à cause de la dilution qu'y occasionne la condensation de la vapeur pendant la stérilisation. Cela fait, on ferme fortement l'écrou, on ferme aussi la pince D laissant la pince B ouverte. On peut, dès cet instant, mettre en place la boîte à coton, le robinet du tube central étant fermé.

Dès lors on ouvre le robinet latéral de vapeur,

doucement d'abord, puis de plus en plus. On continue l'arrivée de la vapeur jusqu'à ce que le moût soit en pleine ébullition que l'on maintient pendant un quart d'heure. La vapeur sort alors à flots par le caoutchouc et la pince B maintenue ouverte, le tube à coton n'étant pas encore en place.

Au moment voulu, pendant qu'un aide ferme le robinet de vapeur, on ferme rapidement la pince B, et sans perdre un instant on ajuste le tube à coton sur le tube de caoutchouc et on ouvre de nouveau cette pince pour laisser rentrer l'air extérieur à travers le coton.

Au bout de quelques instants on ouvre le robinet de la boîte à coton et, ouvrant la pince D, on met la cuve en communication avec la trompe; fermant alors la pince B l'air extérieur rentre par le tube central, et en barbottant dans le liquide il aide à son refroidissement.

Ce refroidissement est d'ailleurs considérablement accéléré par un jet d'eau que l'on fait couler extérieurement sur la cuve au moyen d'un tube de métal percé de petits trous et disposé autour de celle-ci aux trois quarts de sa hauteur. Ce tube étant mis en communication avec une conduite, l'eau ruisselle sur les parois et tombe dans la cuve inférieure d'où le trop plein l'évacue au dehors.

Dans ces conditions le refroidissement est rapide. En deux ou trois heures la température est descendue à 30 ou 32. C'est le moment de procéder à l'ensemencement.

Pour cela on utilise la tubulure B, on ferme les pinces B et D ainsi que le robinet C, puis flambant le col d'un petit ballon Pasteur contenant la levure à expérimenter, on l'introduit dans le tube en caoutchouc B préalablement recourbé, on redresse alors le tout, et ouvrant la pince, la levure tombe dans le moût. On la ferme alors et ouvrant le robinet C et la pince D on met en marche la trompe pendant quelques heures afin d'aérer vivement la levure. Ensuite on arrête la trompe puis après avoir fermé C et D on met le tube à coton en place et on ouvre B.

Le tube à coton devait être changé à chaque expérience à cause de la vapeur d'eau entraînée.

Cet ennui a pu être évité en ajustant sur le caoutchouc D un long tube de verre recourbé plongeant dans une baille d'eau. Quand la fermentation est en marche on ferme B et l'on ouvre D ; le gaz se dégage à travers l'eau. Cette disposition offre l'avantage de permettre de suivre la marche de la fermentation d'après la rapidité du dégagement. Quand la fermentation est à peu près terminée il est bon de faire la manœuvre inverse : fermer la pince D et ouvrir la pince B afin d'éviter une absorption par refroidissement.

Résultats obtenus dans ces expériences. — En résumé, en me servant de cet appareil pour des fermentations pures, j'ai pu prouver que les bactéries n'intervenaient pas dans la production du bouquet du rhum normal industriel.

D'autre part, dans ces fermentations pures, la perte n'a jamais dépassé 6 à 7 p. 100 (au lieu de 25 à 30 qui sont habituels à la Martinique) même avec des moûts ou compositions de 1/3 plus concentrés qu'à l'ordinaire.

Les *bactéries sont donc uniquement nuisibles dans la fermentation du rhum*, et il y a tout intérêt, ainsi qu'il a été dit précédemment, à s'en débarrasser ou tout au moins à réduire leur rôle nuisible au minimum. C'est là une nécessité qui s'impose aujourd'hui.

Les cuves ne doivent plus être abandonnées aux levures que le hasard y amène ; il faut que la fermentation se produise sous l'influence d'une levure bien connue et pure.

Le meilleur procédé est certainement la fermentation en cuves aseptiques. Rien n'empêche d'ailleurs d'avoir des cuves aussi vastes qu'on le voudra en rapport avec le débit des appareils distillatoires, de façon à distiller une cuve par jour.

Cela abaisserait singulièrement les frais de main-d'œuvre occasionnés par la multitude des cuves employées dans certaines rhummeries. Ces cuves occupent d'ailleurs un espace énorme, exigent des réparations constantes et une première mise de fonds considérable. Cette économie serait d'ailleurs augmentée par l'emploi de moûts plus riches en mélasse occasionnant moins de frais à la distillation et fournissant des vinasses plus concentrées ([1]).

([1]) Cela permettrait peut-être d'utiliser les vinasses en excès ordinairement jetées, et d'en tirer parti pour en extraire la potasse au

La seule difficulté pratique est que ces cuves aseptiques devant être en métal, si l'on emploie le cuivre étamé elles seront trop coûteuses et d'autre part si l'on emploie la tôle de fer, ce métal devra être revêtu d'un vernis qui le protège contre l'action corrosive des moûts. Il faudrait donc trouver un vernis convenable résistant à l'acidité des moûts et à la température de l'ébullition. Plusieurs types de ces vernis existent dans le commerce.

Pratique des ensemencements de levure pure. — La méthode par fermentation en cuves aseptiques est donc bien supérieure à toutes les autres, mais par contre la méthode par ensemencement en cuves ordinaires de levures pures très actives produites par culture en *aérobiose* (c'est-à-dire au contact d'une grande quantité d'air stérilisé) est excellente, et plus pratique que la précédente.

A défaut d'appareils perfectionnés, j'ai employé pour produire la levure pure destinée aux ensemencements (levain) l'appareil décrit ci-dessus, et dans ces conditions j'ai pu réduire la perte à 15 p. 100 ; nul doute qu'avec un appareil perfectionné la perte ne fut descendue à 10 ou 12 au plus.

Appareils à levains purs. — ***Description de l'appareil de M. Barbet et d'un stérilisateur clos à y annexer.*** — Le choix de l'appareil à levure pure

---

moyen de fours spéciaux comme cela se pratique en France pour la mélasse de betterave.

pour ensemencement, autrement dit de l'appareil à levains a donc une grande importance.

L'appareil que M. Barbet a construit d'après les indications de M. le Dr Calmette est le meilleur de ceux que je connais.

La levure y est réellement cultivée en *aérobiose*, aussi possède-t-elle le maximum d'activité. Cet appareil est continu comme tous ceux de ce genre. En voici la description empruntée à un mémoire de M. Barbet. Voir fig. 20 p. 170.

L'appareil à levains est un cylindre vertical en cuivre, porté sur un socle en fonte, et composé de deux parties distinctes : le bas fait réservoir de jus en fermentation pure, tandis que le haut comprend de quatre à six plateaux d'*aérobiose* sur lesquels le liquide forme une couche très mince d'environ 2 centimètres d'épaisseur.

Le liquide du réservoir inférieur est perpétuellement remonté sur le plateau supérieur au moyen d'un émulseur à air stérilisé K.

On connaît le principe de l'émulseur ; M. Zambeaux l'a utilisé d'une façon très ingénieuse pour monter l'acide sulfurique dans les réservoirs supérieurs des tours d'épuration. Notre émulseur K est une sorte de petit tubulaire qui est très allongé et qui ne comprend que six à dix tubes de cuivre de faible diamètre. Dans l'orifice inférieur de chacun des tubes nous engageons une petite buse verticale par laquelle sort un jet d'air stérilisé. L'air se divise en une série de bulles qui occupent toute la largeur du tuyau, et qui sont séparées les unes des autres par des anneaux de liquide que l'on a comparés à des *pistons liquides*. Si l'arrivée d'air est suffisante, la somme totale des pistons liquides dans l'un quelconque des tubes forme une colonne liquide de hauteur moindre que la hauteur du liquide existant dans le bas de l'appareil à levains. L'équilibre est rompu, et par suite de la loi sur les vases communicants, le liquide prend un mouvement ascensionnel continu dans le tube pour se déverser par *cc'* sur le plateau supérieur d'aérobiose.

Ce plateau, étanche sur son pourtour, porte au centre un petit rebord qui forme déversoir. L'excès de liquide tombe sur le deuxième plateau qui, au contraire, n'a de déversoir qu'à la périphérie. Le liquide parcourt donc les plateaux alternativement de la circonférence au centre et réciproquement.

Dans tout ce parcours, le moût sucré en fermentation est étalé au large contact de l'air amené par l'émulseur. L'acide carbonique se dégage, le moût s'en débarrasse totalement, et à la place il se dissout de l'oxygène par un phénomène analogue à celui de la respiration pulmonaire.

Il est incontestable que de cette façon l'air agit beaucoup mieux sur la levure que l'air injecté en gros bouillons au fond d'un récipient. Une comparaison fera saisir la différence du mode d'action.

Supposons qu'au lieu de levure on mette dans le

moût un organisme nettement *aérobie*, comme par exemple une mucédinée.

La culture sur les plateaux va donner tout de suite

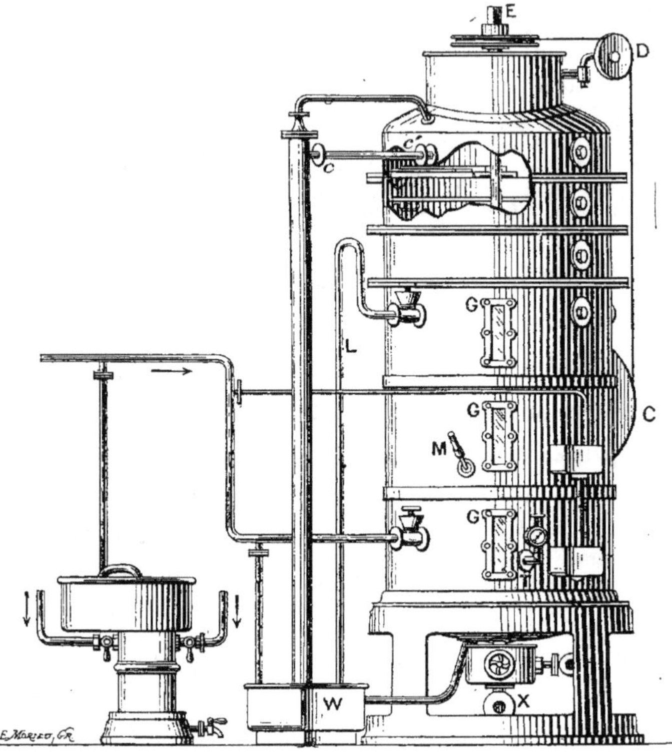

Fig. 20. — Appareil Barbet pour levains purs.

des mycéliums aériens. Tandis que dans le réservoir inférieur, on aura beau injecter de l'air, on ne produira que la forme anaérobie ou immergée de la mucédinée ; les mycéliums se sectionneront et prendront la forme de globules ovales ressemblant à des levures et donnant une production d'alcool.

Un axe vertical traverse l'appareil à levains ; cet axe porte des brosses métalliques pour mettre en suspension les levures déposées sur les plateaux ; on les fait tourner de loin en loin par un mécanisme à main CDE ; H est une cuvette à eau formolisée pour noyer le calfat et la soupape de sûreté.

L est la sortie du mélange d'air et d'acide carbonique, il barbotte dans la cuvette w de l'émulseur.

M tubulure de l'ensemencement de la levure pure.

R entrée d'air stérilisé pour barbottage direct.

G glaces pour voir le niveau.

T Thermomètre.

X Robinet de vidange (noyé) portant latéralement une tubulure pour recevoir soit de la vapeur, soit de l'air stérilisé.

Le stérilisateur d'air, placé à gauche de la figure se compose d'un filtre à ouate enfermé à demeure dans un autoclave à vapeur. L'air commence par circuler dans un serpentin noyé dans l'enveloppe à vapeur où il peut s'échauffer à haute température. Puis il traverse de haut en bas le coton qui est chauffé par l'enveloppe du filtre. De cette façon toutes les parties de l'ouate sont portées à la température de la stérilisation. On peut alors supprimer la vapeur, la filtration de l'air suffisant à le débarrasser de ses germes, pourvu que le coton soit purifié de temps en temps à la vapeur.

On peut également laisser en permanence un filet

de vapeur pour tiédir l'air parce que l'aération refroidit sensiblement les moûts.

Tout ce qui rentre dans cet appareil doit naturellement être stérilisé[1].

Stérilisateur. — La stérilisation du moût se fait à part. Le *plus sûr*, à mon avis, est d'employer pour cela un cylindre en cuivre étamé de capacité en rapport avec celle de l'appareil à levains. Ce cylindre parfaitement clos est muni à la partie inférieure d'un excellent robinet de vidange (noyé dans l'eau formolisée) communiquant avec un ou deux réfrigérants tubulaires reliés avec l'appareil à levains.

La partie supérieure est munie :

1° D'une ouverture circulaire destinée à l'introduction du moût au moyen d'une pompe. Cette ouverture doit pouvoir être ensuite hermétiquement fermée par un bon robinet noyé ou autrement.

2° D'une tubulure munie d'un robinet noyé et en communication avec une boîte à coton stérilisé pour la rentrée de l'air pur dans l'appareil lors du refroidissement ou lors de la vidange du cylindre.

3° D'une tubulure munie également d'un robinet et destinée à la sortie de la vapeur pendant la stérilisation.

4° D'une prise de vapeur avec tuyau intérieur plongeant jusqu'au fond du liquide.

---

[1] Barbet. *Mémoire sur la production continue des levures pures en distillerie.*

Enfin le cylindre peut être muni d'un regard pour se rendre compte de la hauteur du liquide à l'intérieur. L'appareil devra être placé assez haut pour que son contenu puisse être envoyé directement dans l'appareil à levain en passant par le réfrigérant tubulaire. Le moût ou composition, mélange de mélasse, vinasse et eau, sera préparé comme à l'ordinaire (¹) ; on aura seulement le soin de le faire plus concentré, c'est-à-dire d'y ajouter moins d'eau que de coutume à cause de la dilution qu'y produit la condensation de la vapeur pendant la stérilisation.

Il est bon d'ajouter à ce moût un peu de maltopeptone (1/4 de litre par 1 000 litres environ) (²).

On commence par stériliser au moyen de la vapeur l'appareil à levain et le réfrigérant tubulaire. Puis le robinet de vidange du cylindre étant fermé, on y pompe la composition jusqu'à la hauteur voulue. On ferme le robinet d'arrivée du liquide et celui de la boîte à air, et on ouvre ceux de l'arrivée et de la sortie de la vapeur. Le liquide étant ainsi porté à l'ébullition, celle-ci est maintenue 15 à 20 minutes ; puis on ferme la sortie de la vapeur quand elle sort à plein jet, et *immédiatement après* le robinet d'ad-

---

(¹) Les mélasses de canne ne contenant pas de nitrates comme celles de betteraves ; il n'y a pas lieu de procéder au dénitrage préalable.

(²) J'ai obtenu de très bons résultats pour mes levains de l'emploi de la maltopeptone, fabriquée par MM. O. Bataille et Cⁱᵉ à Puiseux, par Villers-Cotterets (Aisne).

mission de celle-ci, enfin on ouvre le robinet d'entrée d'air pur.

Le moût stérilisé est ensuite envoyé par le réfrigérant tubulaire à l'appareil à levain. Celui-ci est ensemencé avec les précautions ordinaires au moyen de la levure pure choisie. Puis on met l'émulseur de l'appareil à levain en marche et pendant que la fermentation s'y développe, on charge à nouveau le stérilisateur pour une seconde opération.

Le levain étant mûr (¹), on le coule dans les cuves préparées pour le recevoir de manière à former *un pied de cuve* sur lequel on coulera ensuite doucement, et avec les précautions usuelles, le moût ordinaire (non stérilisé) de la rhummerie. Ceci fait, on remplit à nouveau l'appareil à levain avec le moût stérilisé et refroidi contenu dans le stérilisateur. Puis on stérilise de nouveau moût et ainsi de suite. L'appareil peut aisément fournir deux levains purs par 24 heures et cela pendant plus d'un mois si toutes les précautions sont bien prises.

Toutes ces manipulations peuvent paraître compliquées. En fait, elles ne sont guère plus longues à apprendre qu'à décrire ; quelques essais suffisent pour les posséder entièrement.

(¹) Il importe en effet pour les ensemencements de ne pas attendre que la fermentation soit trop avancée. — On dit en distillerie qu'un levain est mûr lorsque la chute de densité a atteint au plus la moitié de ce qu'elle serait si la fermentation était complète. C'est à la pratique de déterminer pour chaque levure et chaque milieu le temps nécessaire.

Contrôle de la pureté des levains. — Il est nécessaire de s'assurer fréquemment de la pureté des levains employés afin de les renouveler aussitôt que l'on s'aperçoit qu'ils ont été contaminés par des bactéries. Dans ce cas on recommence en repartant de levure parfaitement pure.

Ce contrôle nécessaire s'effectue à l'aide du microscope, indispensable aujourd'hui au distillateur moderne, à qui la pratique de cet instrument devrait être familière.

Au moyen d'une fine baguette de verre préalablement flambée, ou d'un fil de métal traité de même au moment de s'en servir, on prélève une goutte de levain diluée au besoin dans un peu d'eau stérilisée, on la reçoit sur une lame de verre, on recouvre d'une lamelle et l'on porte le tout sur la platine du microscope. Il est bon de se servir d'un objectif à immersion (8 à 900 diamètres environ) pour l'examen des bactéries ; quoiqu'à la rigueur et avec un peu d'habitude un grossissement de 6 à 700 diamètres (ocul. 3 obj. 8 de Stiassnie) soit parfaitement suffisant.

Si le levain est pur on n'aperçoit que des cellules de levure et point de bactéries. Si l'on ne trouve qu'une bactérie ou deux pour deux ou trois champs du microscope on peut ne pas en tenir compte, car leur présence peut être accidentelle et provenir de précautions insuffisantes dans le prélèvement de la goutte de liquide soumise à l'examen. Mais pour peu que ces bactéries se rencontrent un peu partout dans la préparation microscopique, on doit considérer le levain comme contaminé et le refaire en partant de levure pure.

Il faut quelque habitude du microscope pour ne pas prendre pour des bactéries certains dépôts extrêmement ténus que l'on rencontre parfois dans les moûts. Mais cette habitude est vite acquise et l'on ne saurait trop vivement engager les rhummiers à se familiariser avec cet instrument qui se trouve aujourd'hui dans toutes les distilleries modernes et constitue un auxiliaire indispensable pour la bonne conduite des fermentations.

Appareils à distiller modernes. — Conditions qu'ils doivent remplir pour la rhummerie. — Les appareils à distiller employés aux Antilles sont très bons, et je ne crois pas qu'il y ait lieu d'y rien changer, à moins que l'on ne veuille fabriquer d'un seul jet du rhum à haut degré (92° Gay-Lussac) comme à Demerari. Mais dans ce cas il ne faudra pas oublier que ce n'est pas de l'alcool fin qu'il s'agit d'obtenir, mais bien du rhum, c'est-à-dire un flegme de mélasse de canne à sucre contenant encore les impuretés dites de tête et de queue dont l'ensemble caractérise le bouquet des rhums et en fait la valeur.

Les nouveaux appareils continus devront donc simplement élever le degré alcoolique du rhum TOUT EN LUI LAISSANT SES IMPURETÉS *afin de ne pas diminuer le bouquet par une rectification mal comprise.*

Dans cet ordre d'idées les grands chauffe-vins (de 100 à 150 hectolitres) employés à la Martinique me paraissent avoir une grande utilité au point de vue de l'arome ; il serait donc utile à mon avis de les conserver avec les nouveaux appareils choisis.

Enfin, il ne faut pas perdre de vue que les moûts de mélasses de cannes donnent très souvent lieu à des dépôts considérables et parfois très durs sur les plateaux des colonnes. Il faudra donc proscrire les appareils à plateaux compliqués qui obligeraient à des démontages trop fréquents pour leur nettoyage, et par conséquent entraîneraient des pertes de temps déplorables.

CHAPITRE IV

CONDUITE ET INSTALLATION D'UNE RHUMMERIE MODÈLE

RHUMMERIE DE MÉLASSE

Quelle que soit l'importance de la rhummerie, la première amélioration à faire est de prendre plus de soin de la matière première.

Pour cela, commencer par n'employer pour recevoir la mélasse que des fûts parfaitement nettoyés, dès qu'ils sont vides, à l'eau chaude, puis à la vapeur, et bien séchés avant l'emploi. Les fûts pleins transportés à la rhummerie doivent être transvasés sur un *dépotoir* (et non directement dans la *citerne à mélasse*) facilement nettoyable d'où leur contenu sera amené dans une citerne couverte. Les *bacs à mélasse* doivent être également couverts pour les mettre à l'abri des poussières.

La *fosse à composition* doit être cimentée, le fond établi en pente vers l'un de ses angles, et dans cet angle on aura le soin de pratiquer un petit puisard très peu profond et en forme de coupe. C'est dans ce puisard que viendra aboutir le tuyau de la pompe à composition. Il importe en effet que la fosse à composition soit bien entièrement vidée à chaque opération et particulièrement que l'on ait le soin de ne pas y laisser séjourner de composition du soir au lendemain. Enfin il est nécessaire que cette fosse soit au moins une fois par semaine lavée à fond avec la brosse et à grande eau puis passée à l'eau de chaux.

Ateliers. — Mais c'est surtout dans *l'atelier ou cuverie* que les plus grands changements doivent être apportés. Tout d'abord le sol de l'atelier doit être cimenté et établi avec une pente au milieu, afin de faciliter l'écoulement des liquides de lavage qui doivent aisément pouvoir être évacués au dehors. Au ras du sol doivent être ménagées quelques ouvertures pour faciliter l'aération. L'acide carbonique, comme chacun sait, s'accumule en raison de sa densité à la partie inférieure des ateliers et il importe qu'il y trouve une facile issue.

Les cuves dont le nombre et les dimensions varient avec l'importance de l'établissement doivent être suffisamment espacées, afin de pouvoir librement circuler autour pour leur nettoyage extérieur. Elles seront supportées par des piliers ou sortes de petits murs en maçonnerie de 1 mètre de haut environ, plus larges que les cuves et parfaitement cimentés.

A mi-hauteur des cuves doit être établi un plancher à claire-voie pour les hommes de service. Ce plancher doit être élevé de 1 m. 20 à 1 m. 50 au-dessus du sol, afin de permettre de circuler aisément au dessous pour que le sol soit constamment entretenu en parfait état de propreté.

Il serait bon que les murs de l'atelier fussent recouverts d'un enduit imperméable permettant de les laver ; ou tout au moins, il faut les faire cimenter, et les blanchir à la chaux tous les six mois.

Des ouvertures ou fenêtres en nombre suffisant seront ménagées dans les murs de l'atelier afin de compléter l'aération avec les ouvertures de la partie inférieure. Ces ouvertures doivent pouvoir être fermées la nuit afin d'éviter le refroidissement des cuves à certaines époques de l'année. Il serait également très désirable que le toit de l'atelier fût plafonné ; les poutres et lattes de la couverture formant des nids à poussière qu'il est impossible de nettoyer convenablement.

Cuves. — Leur grandeur et surtout leur nombre varient forcément selon l'importance de la rhummerie et la durée ordinaire des fermentations. On doit prendre pour base la quantité de rhum que peut fournir par jour l'appareil à distiller et, tenant compte de la durée des fermentations, calculer d'après cela la grandeur des cuves de façon à n'en avoir qu'une ou deux au plus à distiller par jour. De cette façon, on n'a qu'un nombre très faible de cuves. Cela n'exige qu'un emplacement restreint, épargne beaucoup de main-d'œuvre tout en rendant le travail du nettoyage plus facile et plus parfait. Enfin il y a économie sur les dépenses de première installation.

Il n'y a d'ailleurs aucun inconvénient à employer de grandes cuves. Les grandes cuves sont moins sensibles aux variations de température, occupent moins de place (à capacité égale) que les petites et sont d'un nettoyage plus facile. La fermentation y est d'ailleurs aussi rapide lorsque l'on ensemence. On

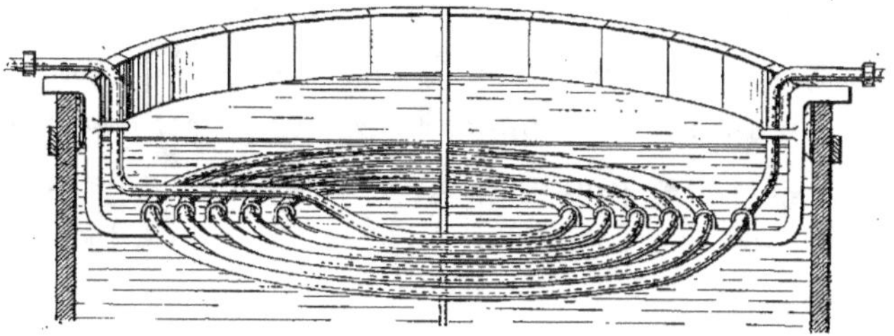

Fig. 21. — Serpentin refroidisseur des cuves.

leur reproche les hautes températures que les fermentations y atteignent parfois, mais dans ce cas les cuves étant peu nombreuses, rien n'est plus facile que d'installer à la partie supérieure de chacune d'elles un serpentin métallique refroidisseur comme celui représenté ci-dessus.

Une capacité de 12 000 litres n'a rien d'exagéré et correspond environ à une production de 1 000 litres de rhum à 55° par cuve. Donc si la fermentation dure trois jours on voit qu'il suffira de 4 cuves pour produire chaque jour 1 000 litres de rhum ; 8 cuves pour 2 000 litres, etc. Il sera bon d'en avoir une de plus en réserve en cas de réparation à l'une d'elles.

Le moût ou composition amené par le tuyau de la pompe sera réparti dans les cuves au moyen d'une gouttière demi-cylindrique courant au-dessus d'elles, et percée vis-à-vis de chacune d'une ouverture destinée à son remplissage. Cette ouverture pourra être fermée par un tampon de bois recouvert de plomb.

On peut d'ailleurs imaginer une foule d'autres dispositions pour le remplissage des cuves ; la précédente est je crois la plus économique. Ce qu'il faut surtout, c'est rejeter absolument l'emploi des conduites en bois à section carrée en usage à la Martinique, qui, ne pouvant être convenablement nettoyées, sont des foyers d'infection des moûts par les bactéries.

Les cuves seront disposées en demi-cercle, au centre sera réservé l'espace nécessaire pour l'appareil à levain, et son annexe la chaudière à stériliser.

Ces appareils seront placés à un niveau un peu plus élevé. La capacité de l'appareil à levure pure sera évidemment en rapport avec la quantité de levain à fournir.

Ainsi, soit à préparer chaque jour 2 cuves de 12000 litres chacune (ce qui correspond environ à une production journalière de 2 000 litres de rhum à 55°) ; supposons que l'ensemencement y soit pratiqué à 1/20e, ce qui me paraît suffisant, il faudra chaque jour pouvoir disposer de 1200 litres de levain pur (600 litres par cuve) et de plus il faudra en laisser dans l'appareil à levain environ 100 litres pour ensemencer le nouveau moût stérilisé qui y sera introduit en remplacement du levain extrait. Il devra donc *contenir au moins 1300 litres de levain.* Ces données transmises au constructeur lui suffiront pour établir complètement l'appareil à levain pur.

L'appareil étant en marche et le levain mûr (ce qui demande au plus vingt-quatre heures), on le coule dans les deux cuves ([1]), à raison de 6oo litres chacune, au moyen d'une dalle mobile en fer-blanc facile à nettoyer. Ces 6oo litres forment un *pied de cuve* sur lequel on coule la « composition » ou moût ordinaire de la rhummerie, afin de remplir la cuve en ayant soin de ne pas faire cette opération brusquement et d'un seul coup, mais lentement et en plusieurs fois de façon que cela ne dure pas moins de huit à dix heures.

Pendant ce temps, l'appareil à levain est rempli à nouveau avec le moût stérilisé contenu dans le stérilisateur. Puis on stérilise de nouveau moût et ainsi de suite.

Le stérilisateur devra, dans l'exemple précédent, avoir une capacité utilisable de 13 à 1400 litres, soit une capacité totale de 16 à 1700 litres environ.

Cuves non utilisées. — A propos des modifications à apporter aux ateliers de fermentation, il est nécessaire de signaler la nécessité d'abandonner

---

([1]) Ces cuves doivent au préalable avoir été parfaitement nettoyées.

absolument une coutume qui existait dans toutes les rhummeries de Saint-Pierre et qui existe encore dans les rhummeries de nos Antilles. Dans toutes ces rhummeries où les cuves sont très nombreuses, il arrive souvent que pour une raison ou l'autre on est obligé de restreindre la fabrication. Un certain nombre de cuves se trouve dès lors sans emploi ; ces cuves s'altérant rapidement quand elles sont vides et sèches, on a partout la mauvaise habitude de les remplir de vinasse et on les laisse ainsi pendant des mois jusqu'à ce que l'on en ait besoin à nouveau. Grâce à son acidité la vinasse ne se putréfie pas, et les cuves se conservent bien, mais à la surface du liquide de chacune prend naissance une quantité considérable de moisissures formant une couche épaisse. Ce sont principalement des aspergillus et des penicillium dont les myriades de spores noires, jaunes ou vertes se répandent dans les cuves voisines qui sont en marche, et partout dans l'atelier.

Il faut donc absolument abandonner cette coutume nuisible. Les chefs d'atelier disent que l'eau ordinaire se putréfie vite dans les cuves et c'est pour cela que l'on y met de la vinasse. L'eau doit en effet se putréfier dans ces cuves si on l'y laisse trop longtemps, mais il suffit de la changer de temps en temps et de l'évacuer au dehors par une *canalisation spéciale* pour n'avoir pas cet inconvénient. Toutefois, il est évident que c'est un petit surcroît de main-d'œuvre, mais la chose en vaut la peine.

Appareils distillatoires. — Refroidissement des vinasses. — De ce côté il n'y a guère de changements à faire ; les appareils sont bons et généralement bien conduits, mais il est nécessaire de modifier la sortie de la vinasse et la façon dont on la conserve, puisque c'est une matière première pour la rhummerie d'exportation.

La vinasse sortant des chaudières est actuellement recueillie à l'air libre dans des canaux en bois où elle commence à s'infecter, et amenée après un parcours plus ou moins long dans de vastes bassins en maçonnerie (ou parfois en bois ce qui est pire) où elle se clarifie il est vrai, mais où elle reste plusieurs jours à une température d'environ 50° et plus éminemment favorable à la pullulation des bactéries.

C'est dans ces bassins que l'on prélève la quantité de vinasse nécessaire aux compositions, le reste va au ruisseau.

Il serait fort utile que la vinasse, au sortir de la chaudière, fût refroidie au moyen de réfrigérants tubulaires puissants qui, par une tuyauterie, l'enverraient dans des bassins de décantation moins vastes où elle achèverait de refroidir à 28 ou 30° (température moyenne des rhummeries.

On pourrait d'ailleurs se contenter de ne recueillir et refroidir que la quantité nécessaire pour un jour ou deux de fabrication.

Ces bassins doivent du reste être nettoyés très fréquemment d'une façon complète.

RHUMMERIES TRAVAILLANT LE VESOU CRU

Les rhummeries travaillant le vesou cru sont en général très peu importantes et malheureusement assez mal tenues. Le plus grand nombre des ateliers de fermentations a pour sol la terre battue souvent boueuse ; le reste est à l'avenant. Je suis persuadé qu'il suffirait d'installer ces ateliers d'une façon plus rationnelle sur un sol cimenté, et d'y mettre en pratique les soins minutieux de propreté maintes fois énumérés dans les pages précédentes, pour avoir sans ensemencements d'assez bonnes fermentations.

Le vesou cru contient en effet presque toujours assez de levures provenant des cannes pour que la fermentation s'y déclare d'elle-même et marche à peu près bien. Il est toujours nécessaire pour cela d'y ajouter un peu d'acide sulfurique préalablement étendu d'eau [1] et un peu de sulfate d'ammoniaque ordinaire [2] (125 à 150 gr. pour 1 000 litres). L'emploi d'une petite quantité de maltopeptone donne également ment de bons résultats (un quart de litre de malto-

---

[1] 1 litre *au plus* d'acide sulfurique concentré pour 2 000 litres de vesou.

[2] Il est bon de s'assurer que ce sulfate d'ammoniaque ne contient pas de sulfocyanure qui est un poison pour la levure. — Rien de plus simple : prendre une forte pincée de ce sulfate, la projeter dans un demi-verre d'eau, remuer un instant, puis verser dans le verre 3 ou 4 gouttes de perchlorure de fer, tel qu'on le trouve dans toutes les pharmacies, s'il y a du sulfocyanure, il se produit une coloration rouge, sinon, rien.

peptone liquide pour 1 000 litres de vesou ou 40 grammes de maltopeptone en plaques préalablement dissoutes dans un peu d'eau).

Dans toutes ces petites rhummeries il serait fort utile de remplacer les conduites en bois amenant le vesou aux cuves par des tuyaux métalliques.

Enfin si plus tard le rhum de vesou cru prenait industriellement la place qu'il doit avoir, et par conséquent si les rhummeries qui le produisent devenaient aussi considérables que celles des mélasses, il ne faudrait pas hésiter à y installer le système des levains purs.

RHUMMERIES TRAVAILLANT LE VESOU CUIT

Tout ce qui vient d'être dit au sujet des soins à donner aux ateliers et à leur installation s'applique évidemment aussi en entier aux rhummeries travaillant le vesou cuit. De plus avec le vesou cuit (sirop batterie) la fermentation étant plus difficile il faut absolument ensemencer si l'on ne veut être le jouet du hasard et si l'on veut savoir ce que l'on fait. On opérera exactement comme il a été dit pour les rhummeries travaillant la mélasse.

Les moûts ou compositions de sirop batterie doivent (surtout lorsqu'on n'y ajoute pas de vinasse) être additionnés d'acide sulfurique et de sulfate d'ammoniaque comme pour les vesous crus.

Système économique de levains pour les petites rhummeries.— Nombre de rhummeries travaillant le vesou cuit dans nos Antilles sont trop peu importantes pour faire les frais d'un appareil à levains purs. Ces petites rhummeries pourraient à la rigueur utiliser, et cela sans grands frais [1], le système de cuves mères et de levains dont j'ai parlé page 154 à la condition de s'abonner avec un laboratoire spécial comme il en existe en France qui leur enverrait régulièrement la levure pure. Ils devraient en effet renouveler tous les quinze jours le pied de cuve, car sans cela, malgré les précautions qu'ils pourraient prendre, l'infection du levain par les bactéries rendrait son emploi illusoire, et l'on s'en apercevrait vite au rendement.

Toutefois, il faut cependant pour cela une petite installation spéciale, car les sirops et vinasses des rhummeries étant toujours fortement chargés de bactéries de toutes sortes, il est absolument nécessaire, sous peine d'échec complet, de stériliser par la chaleur tout ce qui rentrera dans la cuve-mère et les levains.

D'autre part un laboratoire de fermentation ne peut expédier au loin sans grands frais, qu'une petite quantité de levure à la fois. Or chacun sait qu'il faut bien se garder de verser cette petite quantité de levure dans une grande quantité de moût, même stérilisé, on

---

[1] Il ne leur faudrait guère en plus qu'une chaudière à vapeur pour celles qui n'en possèdent pas.

n'arriverait à rien. Il faut donc dans ce cas opérer en quelque sorte comme le font les boulangers, et faire un et deux levains successifs de plus en plus grands. Le dernier est alors suffisant pour ensemencer une fois pour toutes la cuve-mère.

Ces levains sont d'ailleurs provisoires et n'ont d'autre but que d'arriver à préparer la cuve-mère qui seule est permanente (du moins tant qu'il n'y a pas lieu de renouveler le pied de cuve). Elle est permanente parce qu'elle n'est jamais vidée qu'en partie, le reste laissé au fond constitue le pied de cuve. Dès lors si sur ce pied de cuve on fait arriver du moût stérilisé et refroidi, la cuve-mère repart à nouveau; 24 heures après, elle est prête à fournir la quantité de levure nécessaire pour ensemencer les cuves ordinaires de l'atelier.

Ce moût stérilisé et froid sera préparé dans une autre cuve, spéciale à cet usage, dite cuve à stériliser.

La cuve à stériliser et la cuve-mère sont semblables à quelques détails près. Autant que possible les choisir neuves. Leur capacité sera la même. Toutes deux devront être munies de couvercle en métal (fer-blanc de préférence). La cuve à stériliser devra communiquer avec la cuve-mère par un tuyau de cuivre et un robinet de même métal et de plus être placée à un niveau supérieur à celle-ci de façon qu'il soit facile d'envoyer son contenu dans la cuve-mère au moment voulu.

La cuve à stériliser devra en outre être munie à la partie supérieure d'un serpentin horizontal en cuivre étamé enroulé à plat comme celui de la figure 21, dans lequel une fois la stérilisation obtenue on fera passer un courant d'eau froide pour hâter le refroidissement. Enfin cette cuve devra être munie d'un tube de cuivre de 20 millimètres environ et plongeant jusqu'au fond. Ce tube servira à amener la vapeur nécessaire à la stérilisation. Cette vapeur sera prise sur le dôme de la chaudière afin qu'il ne puisse y avoir entraînement de corps gras ce qui serait nuisible à la fermentation.

Il est nécessaire d'ajouter que la cuve-mère devra être pourvue à la partie inférieure d'un bon robinet bien étanche, destiné au prélèvement de la levure nécessaire à l'ensemencement de chaque cuve de l'atelier.

La capacité de la cuve-mère dépend évidemment de l'importance de l'atelier. Ainsi supposons qu'il faille préparer et par conséquent ensemencer chaque jour 10 000 litres de moût répartis en 10 cuves de 1 000 litres. Chacune de ces cuves devant recevoir 100 litres de levure puis 900 litres (1) du moût ordinaire de la rhummerie, et la cuve-mère devant encore conserver dans ses flancs 200 litres de cette même

---

(1) La levure obtenue dans la cuve-mère étant moins active que celle obtenue avec l'appareil à levains purs décrit précédemment, il est nécessaire de faire l'ensemencement au 1/10 du volume total au lieu du 1/20.

levure formant pied de cuve pour les opérations ultérieures, la capacité utilisable de la cuve-mère sera par conséquent de 1 200 litres.

Le deuxième levain aura un volume dix fois moindre; il sera fait dans une petite cuve en bois neuve munie d'un couvercle de métal, et pourvue de poignées latérales; cette petite cuve devra être placée à un niveau un peu supérieur à celui de la cuve-mère de façon à pouvoir y verser son contenu directement quand le moment en sera venu.

Le premier levain ou petit levain qui servira à ensemencer le deuxième levain aura un volume 10 fois moindre et pourra être fait simplement dans une dame-jeanne de verre.

Préparation du petit levain. — La dame-jeanne de verre, de préférence non clissée, devra être nettoyée avec le plus grand soin, à l'eau ordinaire, à l'acide sulfurique concentré, enfin à l'eau bouillante, puis bouchée avec un tampon de coton stérilisé tel qu'on le trouve dans toutes les pharmacies.

D'autre part, on fera bouillir dans un récipient bien propre, et de préférence couvert, 12 à 14 litres du moût employé dans la rhummerie. On versera alors ce liquide presque bouillant dans la dame-jeanne en agitant avec précaution pour ne pas la casser. On bouchera alors avec le tampon de coton et après refroidissement on y versera directement et sans entonnoir la levure provenant du laboratoire spécial après avoir pris soin de l'agiter pour mélanger le dépôt de levure au liquide.

Après 24 heures ce premier levain sera à point. Pendant ce temps on préparera le deuxième levain.

Préparation du deuxième levain. — La petite cuve de bois sera nettoyée à fond à l'eau ordinaire et

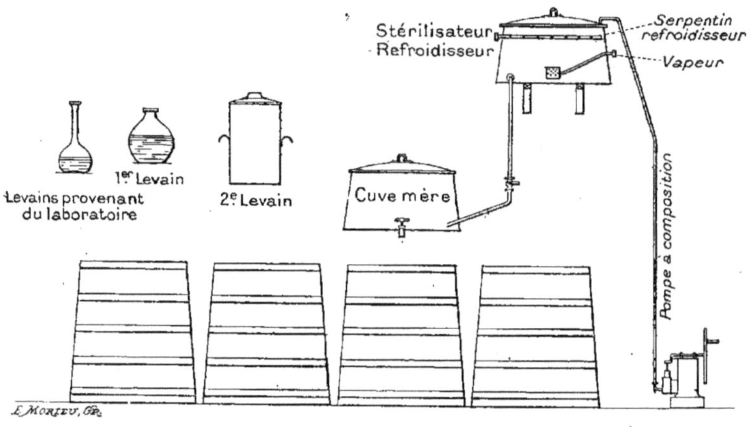

Fig. 22. — Système économique de levains (schéma).

à l'eau bouillante, puis on y fera passer un bon jet de vapeur. Ensuite on y versera 110 litres environ de moût plus riche de un cinquième en mélasse qu'à l'ordinaire à cause de la dilution qu'y occasionnera la vapeur ; puis avec une petite prise de vapeur spéciale on portera à l'ébullition pendant un quart d'heure environ le contenu de la cuve, préalablement munie de son couvercle, non hermétique d'ailleurs. Après refroidissement on y versera le contenu de la dame-jeanne, et surtout tout le dépôt formé au fond de celle-ci. N'agiter le moût qu'avec une tige de métal passée au feu et refroidie. Vingt-quatre heures après le deuxième levain sera prêt.

Ce temps aura été employé au nettoyage sérieux, à l'eau et à la brosse puis à la vapeur, de la cuve-mère et du stérilisateur; au remplissage de ce dernier avec un moût plus concentré qu'à l'ordinaire, à cause de la dilution qu'y produira la condensation de la vapeur avec laquelle on le stérilisera aussitôt; enfin au refroidissement du moût stérilisé. Dans le stérilisateur on ne mettra pour la première opération que 950 litres de liquide qui, après ébullition et stérilisation seront par la condensation de la vapeur portés à 1 100.

Tout étant prêt, deux ou trois hommes saisissent la petite cuve (2e levain) après avoir mélangé son dépôt au liquide à l'aide d'une tige de métal stérilisée au feu, puis d'un seul coup versent son contenu dans la cuve mère. Ouvrant alors le robinet de communication des deux cuves, on fait arriver peu à peu le moût stérilisé sur le levain (1). Cette opération terminée on recharge le stérilisateur en n'y mettant cette fois que 850 litres de moût (pour 1 000 après stérilisation) on stérilise ce moût et on le refroidit de façon à ce qu'il soit prêt le lendemain matin. A ce moment le levain de la cuve-mère est à point on le

---

(1) Pendant ce temps on y fait barbotter de l'air pur, au moyen d'un tube de métal plongeant jusqu'au fond de la cuve, et dont la partie supérieure recourbée contient une colonne de coton stérilisé. L'air est envoyé au moyen d'une petite pompe à main.

coule dans les cuves de la rhummerie à raison de 100 litres par cuve que l'on remplit ensuite peu à peu avec le moût ordinaire non stérilisé de l'atelier. Il restera donc un pied de cuve de 200 litres dans la cuve-mère sur lequel on fera arriver peu à peu le moût stérilisé et refroidi contenu dans le stérilisateur. Celui-ci sera de nouveau rechargé et ainsi de suite. Le schéma ci-dessus représente l'ensemble de cette installation sommaire (fig. 22).

Tous les quinze jours il sera nécessaire de renouveler la cuve-mère. Pour cela on la videra en entier, on la nettoiera à fond ; puis on repartira avec de nouvelle levure pure en préparant un premier et deuxième levain comme il a été expliqué ci-dessus.

NÉCESSITÉ D'UN CONTROLE RIGOUREUX DE LA FABRICATION

Ainsi qu'il a été expliqué précédemment (voy. page 95) il n'existe nulle part en rhummerie de contrôle véritable de la fabrication. On a vu en effet combien était primitive la méthode employée par tous les rhummiers pour calculer le rendement. Cette façon de faire qui se réduit à constater que tant de litres de mélasse ont donné tant de litres de rhum est bonne pour un comptable qui veut connaître le prix de revient du produit fabriqué, mais ne saurait convenir à un industriel. En effet, elle est muette sur le montant des pertes éprouvées dans le cours de la fabrication puisqu'elle ne tient aucun compte de la richesse dĕ la matière première en principe actif, c'est-à-dire de la richesse de la mélasse en sucre, richesse variable dans de larges limites.

Chaque rhummier ignorant ses pertes croit être plus habile que son voisin. Comment dans ces conditions ferait-il un effort pour faire mieux! Pourquo chercherait-il à s'instruire et à se mettre au courant des progrès scientifiques accomplis.

C'est cette absence de contrôle rigoureux de la fabrication qui explique comment l'industrie du rhum n'a encore nullement profité des résultats obtenus par les magnifiques découvertes de Pasteur et de ses élèves sur la fermentation.

Connaître ses pertes en fabrication afin d'essayer d'y porter remède, n'est-il pas la préoccupation première de tout industriel soucieux de ses intérêts et à la recherche du mieux.

Pour établir un contrôle sérieux en rhummerie, il faut d'abord déterminer par l'analyse chimique la quantité de matière sucrée contenue dans un moût avant la fermentation, puis déterminer de même une fois la fermentation terminée, quelle est la quantité d'alcool pur qui a pris naissance pendant cette opération : on pourra ainsi rapporter le rendement obtenu au rendement théorique et connaître sa perte.

Il faudrait donc un chimiste; les rhummeries qui sont annexées à une fabrique de sucre pourraient seules en faire les frais; ce chimiste ayant largement de quoi être utilisé dans la sucrerie. Mais aux Antilles la plupart des usines à sucre n'en possèdent pas.

Il ne reste donc qu'à souhaiter qu'un jour à venir nos rhummiers comprendront qu'il est de leur intérêt de connaître leurs pertes, et qu'alors ils sauront s'entendre pour établir à frais commun un laboratoire de fermentation dirigé par un chimiste spécialiste qui, ainsi qu'il a été dit précédemment (voy. page 147, note 1) leur rendrait en outre de précieux services pour la sélection des levures pures et leur conservation, afin de les mettre ensuite à la disposition de chacun.

Puisse ce souhait fait dans l'intérêt exclusif de la prospérité de nos malheureuses Antilles se réaliser bientôt.

CHAPITRE V

SÉLECTION DES LEVURES

La sélection des levures comporte plusieurs séries d'opérations :

1° La purification de la levure, c'est-à-dire son isolement des bactéries, moisissures, etc., qui l'accompagnent dans les moûts ;

2° La conservation de la levure isolée ;

3° L'étude des propriétés de la levure isolée.

Ces opérations ne peuvent se faire que dans un laboratoire spécial, lequel peut être très simple, mais doit cependant, outre la balance, la verrerie et les réactifs usuels, contenir en plus quelques instruments indispensables qui sont :

Un microscope ;

Un four Pasteur ;

Un autoclave Chamberland ;

Des plaques de Pétri.

Des pipettes à ensemencements ordinaires et étranglées que l'on peut fabriquer soi-même (¹).

(¹) L'étude de l'arome fourni par les levures ne pouvant se faire sur de petites quantités, il faudra dans ce cas posséder en outre une cuve pour fermentations pures d'au moins 5oo litres de capacité

Enfin, un appareil à filtration chaude. L'étuve est inutile aux Antilles pour les levures.

Ces appareils sont trop connus pour être décrits ici.

Le four Pasteur est destiné à stériliser, par la chaleur sèche, tous les objets de verrerie : ballons divers, tubes à essais, pipettes, plaques de Pétri, etc., destinés à recevoir les milieux de culture.

Les ballons et tubes à essais doivent être fermés au préalable avec un fort tampon de coton ordinaire ou coton en petites plaques (le coton hydrophile ne vaut rien pour cet usage). Les plaques de Pétri et les pipettes sont enveloppées de papier à filtrer blanc.

Ces divers instruments étant placés dans le four Pasteur muni d'un thermomètre, on porte lentement la température à 170-175, qu'il est bon de ne pas dépasser et que l'on maintient pendant 20 minutes environ, puis on laisse refroidir le tout. Il est essentiel d'avoir le soin de ne mettre dans le four Pasteur que la verrerie préalablement bien nettoyée et *bien sèche* et de ne sortir les divers objets du four que lorsque celui-ci est complètement refroidi.

L'autoclave Chamberland est destiné à la stérilisation par la vapeur sous pression des divers milieux de culture employés. Ces divers milieux sont introduits dans les ballons ou tubes à essais déjà stérilisés au four Pasteur, rebouchés avec leur tampon de ouate,

---

utilisable et un alambic de même grandeur, de préférence modèle Privat ou Labat.

placés dans l'autoclave, dont le fond contient une certaine quantité d'eau. On fixe alors le couvercle en place avec ses écrous, puis on chauffe en laissant tout d'abord ouvert le robinet de sortie de la vapeur ; l'eau étant portée à l'ébullition, sa vapeur chasse complètement l'air de l'autoclave ; au bout de 10 minutes on ferme la sortie de la vapeur et l'on surveille le manomètre, dont l'aiguille atteint bientôt la pression correspondant à 120°.

Cette pression est maintenue 20 minutes en réglant le chauffage et la soupape de sûreté. Rien de plus facile d'ailleurs. Au bout de ce temps on éteint et on laisse refroidir. Lorsque l'aiguille du manomètre est à zéro et que la soupape ne siffle plus, on desserre les écrous, et enlevant le couvercle on laisse les récipients se refroidir en grande partie avant de les sortir de l'autoclave.

Il est bon de n'ouvrir l'autoclave qu'au moment où la pression intérieure est la même que celle de l'atmosphère, car s'il existe de la pression au moment où l'on ouvre, le liquide des ballons se met à bouillir et le bouchon de coton peut être projeté au dehors ; si au contraire on attend trop longtemps, la condensation de la vapeur produit un vide à l'intérieur, et au moment où l'on ouvre, l'air rentrant dans la chaudière précipite les bouchons de coton dans les ballons. Dans l'un ou l'autre cas, l'opération est manquée.

Le four Pasteur et l'autoclave se chauffent ordinairement au gaz, mais à défaut de ce mode de chauffage, je puis recommander l'emploi des fourneaux à pétrole Primus (modèle à 3 becs) qui fonctionnent parfaitement et m'ont rendu de grands services pendant plus de deux ans à Saint-Pierre, Martinique.

Pipettes stérilisées. — On doit les faire soi-même ; pour cela on prend des tubes de verre de 1 mètre de long et de 3 millimètres de diamètre intérieur ; on les coupe à la lime en morceaux de 25 centimètres de long, on borde à la flamme les sections faites, puis on bouche chaque extrémité en y enfonçant une petite bourre de coton modérément serrée et ne dépassant pas les bords ; enfin on enveloppe ensemble dans du papier à filtre les tubes ainsi préparés et le tout est porté au four Pasteur.

Après stérilisation il suffira de fondre chaque tube à la lampe par le milieu et de l'étirer pour avoir deux pipettes effilées et closes dont l'intérieur se maintiendra parfaitement stérilisé. Au moment de l'emploi on en flambe l'effilure et on en brise la pointe avec une pince également flambée.

L'effilure devra être régulière, pas trop fine et de 15 centimètres environ de longueur. Pour l'obtenir il est nécessaire de porter le verre au rouge sur une assez grande longueur au milieu, avant d'étirer.

Cela demande une certaine habitude qui, d'ailleurs s'acquiert rapidement. Toujours étirer le verre en dehors de la flamme ; et l'y reporter pour séparer les deux pipettes.

Pipettes stérilisées et étranglées. — On prend pour cela les pipettes précédentes, et les portant au rouge une à une à quelques centimètres du bouchon et sur un seul point, on étire doucement de façon à y produire un léger étranglement.

Ces pipettes sont indispensables pour prélever dans les cuves les échantillons de moût destinés à être examinés au microscope ou adressés à un laboratoire pour en faire purifier la levure.

Pour prélever un échantillon on se transporte auprès de la cuve choisie avec une de ces pipettes étranglées, une lampe à alcool et une pince. On flambe l'effilure de la pipette, on en brise la pointe avec la pince également flambée, puis par aspiration on prélève directement dans la cuve l'échantillon voulu, en ayant soin de ne remplir la pipette qu'à moitié environ. Redressant alors un peu la pipette, on fond à la lampe l'étranglement et on rejette la partie supérieure devenue inutile. Aussitôt que cette soudure est refroidie on redresse complètement la pipette, et chassant par la chaleur les quelques gouttes de liquide contenues dans l'effilure, on la scelle à la lampe, rejetant la partie la plus étroite qui serait trop fragile.

On a ainsi une portion de tube, scellée à la lampe à ses deux extrémités qui, enveloppée dans un peu de coton, peut être adressée au loin par la poste. Une simple lampe à alcool suffit pour sceller les pi-

Fig. 23. — Lampe pour le travail du verre.

pettes, mais pour les confectionner il faut, à défaut d'un chalumeau à gaz, un bon éolipyle à pétrole ou à essence (^{1}). (Voir fig. 23).

MILIEUX DE CULTURE

Pour purifier les levures il faut d'abord les ensemencer dans des milieux spéciaux ordinairement liquides, mais parfois aussi solides à la température

---

(^{1}) La lampe dite lampe à braser à l'essence de pétrole à flamme réglable (marque de fabrique deux haches croisées avec les lettres SS) est celle qui m'a donné les meilleurs résultats ; elle est surtout précieuse pour faire les pipettes étranglées qui exigent un chauffage intense sur un point très peu étendu.

du laboratoire et liquéfiables à une douce chaleur. Il est bon d'en préparer un certain nombre de litres à la fois, que l'on répartit dans des ballons stérilisés de diverses grandeurs, depuis les ballons Pasteur de 250 centimètres cubes jusqu'à ceux de 2 et 3 litres.

Ces ballons sont aussitôt portés à l'autoclave à 120 et parfois à 100° seulement (milieux gélatinés). Dans ce dernier cas on renouvelle l'opération 24 heures après.

Ainsi stérilisés ces milieux de culture peuvent être conservés presque indéfiniment pour l'usage.

Tubes à culture. — Pour remplir ces tubes on se sert d'un entonnoir à robinet, plein du milieu liquide choisi, et prenant un à un les tubes à culture précédemment stérilisés au four Pasteur, on les remplit au tiers de leur hauteur (soit environ 10 centimètres cubes par tube), on rebouche aussitôt avec le tampon de coton, et on les place les uns à côté des autres dans un panier cylindrique en fil de fer où ils se tiennent debout. Quand on a ainsi rempli une quantité suffisante de tubes on stérilise leur contenu à l'autoclave et on les conserve pour l'usage.

On opère de la même façon pour les milieux solides (milieux à la gélatine ou à la gélose) précédemment liquéfiés au bain-marie. Il faut avoir soin d'opérer un peu plus rapidement pour que la masse ne se solidifie pas dans l'entonnoir par refroidissement avant d'avoir terminé. Prendre soin de n'en pas laisser tomber sur les bords internes du tube. Ces tubes sont ensuite stérilisés pendant 20 minutes à l'autoclave, mais à 100° seulement (pour cela on laisse pendant toute la durée de l'opération le robinet de sortie de la vapeur ouvert) et on renouvelle une 2me fois cette opération 24 ou 48 heures après. Si ces tubes doivent être conservés un certain temps avant l'emploi, il est utile de recouvrir le coton d'un capuchon de caoutchouc, afin d'empêcher la dessiccation de la gélatine.

Voici les formules auxquelles je me suis arrêté après quelques tâtonnements, et qui m'ont donné entière satisfaction à la Martinique.

MILIEU LIQUIDE POUR LEVURES DE RHUM

Sirop batterie ($d = 1,37 = 39°$ Baumé) . . 170 grammes
Maltopeptone de brasserie. 1 cm³,5
Acide sulfurique concentré . . . . cinq gouttes
Mélange nutritif spécial (1). . . . . . . 1 gramme
Eau quantité suffisante pour faire. . . . . 1 litre.
Filtrer si nécessaire et stériliser 20 minutes à l'autoclave à 120.

MILIEU SOLIDE (GÉLATINE GÉLOSÉE) POUR SÉPARATION DE LEVURES

Gélose. . . . . 20 grammes,

Couper cette gélose en menus fragments, la laisser macérer 6 heures dans deux litres d'acide chlorhydrique étendu à 6o/1 000, puis laver à l'eau ammo-

---

(1)   *Formule de ce mélange nutritif.*

Phosphate d'ammoniaque 100
Sulfate de potasse. 60
Sulfate de magnésie 10
Phosphate acide de chaux 30

niacale et à l'eau pure jusqu'à cessation d'alcalinité. Passer et exprimer légèrement à la main dans un linge.

Introduire cette gélose dans un ballon avec 750 centimètres cubes d'eau, dissoudre en portant le tout à 110° pendant 1/4 d'heure environ à l'autoclave.

Dans le liquide un peu refroidi mais encore très chaud, ajouter :

Gélatine en feuilles minces, 1er choix (Poulenc), 50 grammes. Dissoudre au bain-marie. Filtrer sur *un filtre de papier Chardin,* en se servant d'un entonnoir à filtration chaude. D'autre part et pendant ce temps dissoudre dans 50 centimètres cubes d'eau au plus.

Phosphate de potasse.	o gr., 30
Sulfate d'ammoniaque.	o gr., 30
Sulfate de magnésie.	o gr., 10

Filtrer sur un petit filtre et recevoir le filtrat dans un verre contenant déjà 150 grammes de sirop batterie bien limpide, préalablement bouilli et refroidi ; et de plus, maltopeptone de brasserie 2 centimètres cubes, mélanger le contenu du verre à la gélose filtrée, et stériliser par deux passages à 100° à l'autoclave à 48 heures d'intervalle. Conserver pour l'usage. Pour en faire des tubes on la liquéfie au bain-marie et on opère comme il a été dit ci-dessus.

Les tubes doivent être recouverts de capuchons de caoutchouc pour éviter que cette gélose ne durcisse trop par évaporation.

Cette formule m'a donné d'excellents résultats aux Antilles.

Ensemencement d'un tube de milieu de culture avec un échantillon de levure. — En possession maintenant de tubes de milieu de culture, il devient possible de procéder à la séparation des levures.

Il faut commencer d'abord par ensemencer dans un tube de milieu de culture l'échantillon recueilli comme il vient d'être dit.

Pour cela on prendra un de ces tubes de milieu liquide, on flambera à la lampe à alcool ses bords et le coton qui le ferme, puis avec une pince métallique également flambée, on enfoncera de quelques millimètres le coton dans le tube afin de l'éteindre ; et sans le lâcher on le sortira à *moitié*.

On tracera alors un trait de lime sur une des extrémités effilées du tube échantillon, et après l'avoir flambé ainsi que l'effilure d'une pipette stérilisée ordinaire, on brise avec les pinces la pointe du tube échantillon, puis celle de la pipette, et introduisant l'effilure de la pipette dans le tube, on aspire son contenu sans aspirer d'air.

Tenant alors la pipette entre les lèvres ([1]), on tient d'une main le tube à ensemencer en le maintenant fortement incliné ; avec le petit doigt de l'autre main on enlève le bouchon de coton du tube et introduisant dans celui-ci l'effilure de la pipette, on y laisse

---

([1]) Il faut prendre l'habitude de tenir la pipette avec les lèvres en obturant son orifice ouvert avec la pointe de la langue, on a ainsi les deux mains libres, ce qui est très précieux, et il suffit de souffler très légèrement dans la pipette pour en faire écouler goutte à goutte le liquide par l'effilure.

tomber 2 ou 3 gouttes de liquide (^{1}). On retire alors la pipette, on remet légèrement en place le coton sans l'enfoncer, puis tenant toujours le tube incliné, on porte son orifice dans la flamme d'une lampe à alcool et saisissant le bouchon de coton avec des pinces, on débouche le tube dans la flamme, flambe le bouchon et le remet en place en l'enfonçant cette fois en entier.

Ces précautions minutieuses sont des plus importantes et doivent être mises en pratique *chaque fois que* pour un ensemencement ou un prélèvement d'échantillon *on débouche un tube de culture.*

S'il s'agit d'un ensemencement en milieu solide comme la gélo-gélatine dont la formule est ci-dessus, on commencera par liquéfier le contenu des tubes au bain-marie et l'on attendra pour les ensemencer qu'ils soient refroidis vers 38 ou 40°, température qui s'évalue facilement à la main.

Un premier tube ayant été ensemencé ainsi qu'il vient d'être dit, si l'on veut en ensemencer un deuxième avec celui-ci, on préparera les deux tubes en flambant les bouchons de coton et les sortant à moitié ; tenant alors les deux tubes de la main gauche et dans une position inclinée, on débouche le pre-

---

(^{1}) On peut, si l'on veut, avec le contenu de la même pipette ensemencer successivement 3 ou 4 tubes, pourvu que ceux-ci aient été préparés à l'avance en flambant le coton et le retirant à moitié. On flambera ensuite successivement tous les cotons et bouchera les tubes avec le coton flambé. Il faut nécessairement dans ce cas un porte-tubes pour y placer ces divers tubes.

mier tube avec la main droite et avec une pipette stérilisée et flambée on prélève un peu du liquide à ensemencer ; cela fait on bouche légèrement le tube avec son coton et débouchant le deuxième toujours maintenu incliné, on y laisse tomber avec la pipette quelques gouttes de son contenu. On remet le bouchon de coton en place, on le flambe avec la pince et on l'enfonce complètement (si le tube doit être conservé), on fait de même pour le premier.

Tout cela expliqué, voici la façon la plus simple de procéder à la séparation des levures :

Le PROCÉDÉ A EMPLOYER EST CELUI DES PLAQUES DE PÉTRI dont l'idée première est due au bactériologiste allemand Robert Koch.

Il faut d'abord une culture en *pleine activité* de la levure à purifier ; culture préparée comme il a été dit avec l'échantillon recueilli dans la cuve.

Avec 5 gouttes de cette culture on ensemencera un premier tube de même milieu liquide, en ne négligeant aucune des précautions minutieuses décrites précédemment.

Avec ce premier tube on ensemence *de même* un deuxième tube ; avec ce deuxième un troisième. Continuant ainsi la dilution on ensemence *également* un quatrième et cinquième tubes ; seulement ces deux derniers tubes sont des tubes de gélo-gélatine préparés selon la formule donnée plus haut. Ces tubes ont été évidemment liquéfiés au bain-marie et refroidis à température convenable avant ensemencement.

Précaution essentielle : avoir soin d'agiter chaque tube le mieux possible (sans toutefois mouiller le coton) après y avoir introduit les cinq gouttes de culture qui l'ont ensemencé.

Les deux tubes de gélose ayant été ensemencés, on sort rapidement de leur papier deux boîtes de Pétri préalablement stérilisées, au four à flamber ; puis débouchant un des deux tubes de gélose dans la flamme de la lampe à alcool, on soulève le couvercle d'une boîte de Pétri et on y coule rapidement et d'un seul coup le contenu du tube. On procède de même avec le deuxième tube de gélose et la deuxième plaque. On répartit la gélose dans les boîtes en les inclinant légèrement en divers sens, laisse refroidir, étiquette et porte dans une armoire fermée.

Chaque matin on examine ces boîtes sans les ouvrir ; généralement au bout de 48 heures on y voit apparaître de petits points blancs de la grosseur de la tête d'une fine épingle. Ce sont des colonies de levures. Pour être dans de bonnes conditions, il ne doit pas y en avoir plus de 5 ou 6 dans une plaque, ce à quoi l'on arrive par les dilutions ci-dessus.

Il ne reste plus dès lors qu'à transplanter de suite ces colonies dans plusieurs tubes numérotés du même milieu liquide pour avoir des cultures pures. Pour cela on se sert d'un fil de platine emmanché au bout d'une baguette de verre ; ce fil est naturellelement stérilisé à la flamme, au moment même de s'en servir. On prépare dès lors quelques tubes de milieu liquide, puis on ouvre une des deux plaques en ayant soin de la tenir l'ouverture en bas, on la saisit ainsi entre le pouce et l'index de la main gauche, puis tenant un tube entre le majeur et les autres doigts *de la même main*, on pique légèrement une colonie avec le fil de platine flambé et refroidi, puis ouvrant le tube maintenu incliné, on plonge le fil de platine dans le liquide. On retire le fil, on bouche légèrement le tube et l'on passe à une autre colonie et à un autre tube, en ayant soin de flamber le fil de platine après chaque ensemencement ; l'opération finie, les tubes sont fermés définitivement et mis de côté.

Dans ces conditions chaque tube doit contenir une culture pure, le plus souvent il s'agit de la même levure, mais parfois aussi ce sont des variétés différentes.

Pour être certain que les cultures sont bien pures, on laisse la fermentation s'achever dans les tubes et l'on attend quelques jours encore ; en examinant alors les cultures au microscope, il est facile de juger si elles sont bien pures, c'est-à-dire bien exemptes de bactéries, spores, moisissures, etc.

Si par hasard (ce qui d'ailleurs arrive rarement), il n'en était pas tout à fait ainsi, on recommencerait une nouvelle série d'opérations en partant d'une des cultures examinées ([1]).

____

([1]) Pour les schizosaccharomyces j'ai dû employer le procédé de Pasteur par dilution en milieu liquide. On détermine préalablement

Conservation des levures pures. — En ayant soin de recouvrir après la fermentation chaque tube de levure pure d'un capuchon de caoutchouc, afin de préserver le liquide de l'évaporation, on peut conserver fort longtemps les levures intactes. Toutefois, dans les collections il est bon de les réensemencer tous les trois ou quatre mois.

Avec un de ces tubes on peut ensemencer un ballon de 1/2 litre et avec ce ballon on peut ensemencer un grand appareil à levain pur. Une quantité extrêmement minime de levure pure suffit donc pour mettre en marche une grande rhummerie.

Identification d'une levure. Étude de ses propriétés. — Il est très difficile en général de savoir si une levure est identique à une autre, ou constitue une race ou variété nouvelle. L'étude micrographique des caractères physiques d'une levure est là de peu d'importance, car ainsi que l'a dit Pasteur : « des formes en apparence distinctes appartiennent souvent à une même espèce et des formes semblables peuvent cacher des différences profondes. »

---

le nombre de cellules de levure contenu dans une goutte de culture, puis on la dilue par addition d'eau pure de telle sorte que 20 gouttes ne contiennent que 10 cellules. D'autre part on prépare une série de 20 matras contenant une petite quantité de moût stérilisé et dans chacun on laisse tomber une seule goutte de culture ; 2 ou 3 jours après on examine les matras ; ceux dans lesquels il ne sera formé qu'une seule colonie seront seuls considérés comme contenant une espèce ou variété pure que l'on cultivera ensuite sur milieu liquide comme à l'ordinaire. Cette méthode est exacte mais compliquée et trop délicate pour la pratique ordinaire des distilleries.

C'est donc à l'analyse chimique des liquides dans lesquels une levure aura vécu qu'il faudra avoir recours pour résoudre complètement cette question. Ainsi par exemple, voulant comparer deux levures, on les ensemencera à l'état de pureté dans deux ballons de même liquide stérilisé et tous deux placés dans les mêmes conditions. Puis après fermentation on analysera ces liquides, on dosera la quantité d'alcool formé, l'acidité fixe et l'acidité volatile développées, etc., etc.

D'autre part on essaiera l'action de ces levures sur des moûts de compositions différentes, contenant du maltose, du lactose, etc., à la place de saccharose ; l'une peut par exemple faire fermenter le maltose et l'autre non, cela suffit pour caractériser une espèce différente.

Ces essais sont trop longs et trop minutieux pour qu'il soit possible d'entrer ici dans plus de détails. Ils peuvent d'ailleurs être variés à l'infini.

Pour le rhummier la question du rendement alcoolique et celle de l'arome développé par une levure priment toutes les autres comme importance.

La question du rendement peut se résoudre au laboratoire, mais pour la question de l'arome il *faut des expériences faites* EN CUVES ASEPTIQUES ET EN LEVURE PURE sur des quantités minima de 5oo litres.

CINQUIÈME PARTIE

ANALYSE DES MATIÈRES PREMIÈRES ET DES MOUTS DE RHUMMERIE

CHAPITRE PREMIER

GÉNÉRALITÉS SUR L'ANALYSE DES MATIÈRES SUCRÉES

Sous ce nom de matières sucrées, il ne sera question ici que du saccharose, du glucose ou dextrose et du lévulose. Ce sont en effet les seuls sucres qui aient de l'importance pour la rhummerie, et les seuls que l'on trouve dans les matières premières que cette industrie emploie (¹).

Les procédés analytiques à employer varient beaucoup selon qu'un de ces sucres se trouve seul en solution ou selon qu'ils s'y trouvent tous les trois à la fois. De même le plus ou moins de coloration de la solution sucrée entraîne des modifications dans le mode opératoire.

Quoi qu'il en soit, ces méthodes se divisent en deux groupes : 1° les méthodes optiques (emploi d'un pola-

---

(¹) Sauf de très petites quantités de mannose et de glutose.

rimètre spécial ou saccharimètre) ; 2° les méthodes chimiques.

Ces diverses méthodes s'emploient d'ailleurs concurremment lorsque l'on a affaire à un mélange des trois sucres ci-dessus et que l'on veut doser séparément chacun d'eux. En certains cas elles se servent mutuellement de contrôle.

MÉTHODES OPTIQUES

Ces méthodes sont basées sur l'emploi du polarimètre ou plutôt du saccharimètre.

(Ces instruments d'ailleurs ne diffèrent que par le mode de graduation, le polarimètre étant gradué en degrés du cercle tandis que le saccharimètre est gradué en $1/100^e$ de sucre).

Les saccharimètres sont destinés à faire connaître directement (ou à l'aide d'un petit calcul) la quantité de saccharose existant dans une solution, cela d'après la déviation du plan de polarisation qu'une colonne d'épaisseur bien déterminée du liquide examiné imprime à la lumière qui la traverse.

Les saccharimètres *français* sont gradués de telle façon que le point zéro de leur échelle correspond à l'eau pure, et que le point 100 correspond à la déviation imprimée au plan de polarisation par une lame de quartz taillée perpendiculairement à l'axe et de *1 millimètre* d'épaisseur. Cette rotation équivaut à

21°,40′ d'arc ou 21°,67 centièmes du polarimètre ([1]). Or le pouvoir rotatoire $[\alpha_D]$ du saccharose ayant été déterminé avec précision et trouvé égal à $+66°,5$ ([2]) il en résulte que le poids de saccharose pur à peser pour obtenir 100 divisions du saccharimètre est égal à 16 gr. 29; ce poids étant dissous dans un volume d'eau suffisant pour occuper en tout 100 centimètres cubes à $+15$ et cette solution étant examinée sous l'épaisseur de 2 décimètres. C'est là *le poids normal*.

Il se déduit d'ailleurs de la formule bien connue

$$[\alpha_D] = \frac{\alpha \, v}{\lambda \, p}.$$

Dans laquelle :

$$v = 100^{cc}$$
$$\alpha = 21°,67$$
$$\lambda = 2$$
$$[\alpha_D] = 66,5$$
$$p = x$$

on a dès lors

$$x = \frac{\alpha \, v}{[\alpha_D] \, \lambda}$$

$$x = \frac{21,67 \times 100}{66,5 \times 2} = 16,29$$

Et, puisque 100 divisions du saccharimètre $=$

([1]) Or, puisque 100 divisions du saccharimètre $= 21°,67$ du polarimètre, 1 division du saccharimètre $= 0°,2167$ du polarimètre ; et 1° du polarimètre $= 4$ divisions, 615 du saccharimètre français.

([2]) Le signe $+$ indique les déviations ou rotations à droite et le signe $-$ les déviations à gauche.

16, gr. 29 de sucre dans 100 centimètres cubes d'eau ou 162 gr. 90 par litre, 1 *division vaudra* cent fois moins ou *1 gr. 629 par litre.*

D'autre part il est bien évident que si l'on a dissous le poids normal de sucre ordinaire dans quantité suffisante d'eau pour faire 100 centimètres cubes et que ce liquide examiné au saccharimètre sous l'épaisseur de 2 décimètres ne donne que 96 divisions, c'est que le sucre examiné ne contenait que 96 p. 100 de sucre pur.

Dans les saccharimètres ALLEMANDS l'échelle est différente et le point 100 correspond à la rotation produite par une solution de sucre pur ayant, à la température de + 17°,5 centigrades la densité de 1100. La densité de l'eau à 17,5 étant prise pour unité.

Cette solution correspond à *26 gr. 048* de sucre par 100 centimètres cubes. Tel est donc le poids normal du sucre à peser avec ces saccharimètres. Cette élévation considérable du poids normal est un inconvénient grave pour l'examen des matières sucrées fortement colorées, il est en effet singulièrement plus facile de décolorer 16,29 de matière sucrée au lieu de 26 grammes dans le même volume d'eau.

Il existe de nombreux modèles de saccharimètres dont la description entraînerait trop loin. Le plus usité en France est le saccharimètre Laurent (Jobin successeur). Cet instrument dit à pénombre se construit sur 2 types différents dont l'un fonctionne à la lumière blanche, l'autre à la lumière monochromatique jaune du sodium. Ces deux instruments sont également bons. Toutefois si l'on n'a pas le gaz à sa disposition dans le laboratoire, on s'évitera bien des ennuis en adoptant le saccharimètre à lumière blanche. Il est d'ailleurs bien plus facile, surtout dans un laboratoire dépourvu de gaz d'obtenir une flamme blanche, intense et fixe que. d'en obtenir une jaune suffisamment éclairante à peu près fixe.

Les divers saccharimètres sont munis d'un vernier donnant le 1/10 de division. Il faut une certaine habitude de son instrument pour mettre au point à 1/10 de division près. Le mieux est de faire 5 à 6 lectures successives qui ne doivent différer de 1 à 2/10 au plus et de prendre la moyenne de ces diverses lectures.

Il est nécessaire que chaque opérateur refasse son zéro avec un tube plein d'eau pure, c'est-à-dire que, dans ces conditions, les deux moitiés de la pénombre étant bien d'égale intensité lumineuse, le zéro du vernier et celui de l'échelle doivent coïncider ; dans le cas contraire on procéderait au réglage de l'instrument en suivant les indications données par le constructeur. Il est bon aussi de vérifier le point 100 avec une plaque de quartz type ayant rigoureusement l'épaisseur de 1 millimètre.

Enfin le plus grand soin sera apporté au choix des ballons jaugés à 100 et 110 centimètres cubes. Les vérifier au besoin.

Ces précautions prises, et le liquide à examiner

étant peu coloré et parfaitement limpide ([1]) s'il n'y a que du saccharose en solution, le résultat de l'examen saccharimétrique direct (ou polarisation directe) $\times$ 1,629 donnera la quantité de saccharose contenue dans un litre de liquide. D'autre part si l'on a dissous le poids normal de sucre (16,29) dans quantité suffisante d'eau pour avoir 100 centimètres cubes de liquide, la polarisation directe donnera immédiatement la teneur en saccharose du sucre en expérience.

Dans le cas où le saccharose est accompagné d'autres sucres réducteurs, il ne peut être dosé par polarisation directe il faut opérer par double polarisation : polarisation directe P et polarisation inverse P'.

En un mot, il faut pratiquer l'inversion et examiner le liquide sucré avant et après l'inversion.

Voici comment il convient de pratiquer l'inversion.

Inversion. — Prélever avec une pipette 50 centimètres cubes de liquide sucré les introduire dans un ballon de 100 centimètres cubes muni d'un thermomètre ; ajouter 5 centimètres cubes de HCl pur placer le tout au bain marie et l'y laisser 20' entre $+$ 68 et 70° en ayant soin de ne jamais dépasser cette température. M. Pellet ([2]) affirme que l'on peut même lais-

---

([1]) Cette dernière condition est de la plus haute importance, un liquide, même parfaitement incolore, ne peut être polarisé s'il n'est absolument limpide, tandis qu'un autre coloré en jaune paille le sera aisément si sa limpidité est grande.

([2]) Dont le nom qui fait aujourd'hui autorité en matière de sucrerie sera souvent cité ici.

ser l'opération 30′ sans que rien soit changé aux résultats pourvu que la température ne s'élève pas au-dessus de $+ 70°$. Cela fait, laisser refroidir le ballon, compléter à 100 centimètres cubes, filtrer au besoin et polariser le liquide en ayant soin d'en prendre la température, puis multiplier par 2 le résultat obtenu ; soit P′ ce produit.

Formule de l'inversion. — Si les deux valeurs P et P′ sont prises des deux côtés du zéro ($+$ et $-$) on les additionne *sans tenir compte des signes* ; dans le cas contraire on les retranche l'un de l'autre. Soit S le résultat obtenu dans l'un ou l'autre cas, on aura la polarisation réelle P″ par la formule

$$P'' = \frac{100\ S}{142,6 - 0,5\ t} \quad {}^{(1)}$$

Exemple : soit :

$$P = + 26$$
$$P' = - 13$$
$$t = 28$$

on a

$$S = 26 + 13 = 39$$

et

$$P'' = \frac{39 \times 100}{142,6 - 14} = \frac{3900}{128,6} = 30,32.$$

La formule précédente due à Landolt est plus

---

(1) Dans cette formule intervient la température t car le pouvoir rotatoire du sucre inverti varie sensiblement avec la température, il faut donc en tenir compte.

exacte que la formule primitive due à Clerget et dans laquelle le facteur 144 remplace le facteur 142,6.

Toutefois M. H. Pellet recommande à chacun de vérifier expérimentalement si dans les conditions où il opère, 100 divisions du saccharimètre à droite donnent bien après inversion 42,6 à gauche à 0° ou 32,6 à + 20°. Ainsi il se peut que dans les conditions où l'on opère il vaille mieux employer le coefficient 143 ou 142,2 que 142,6. Les différences sont d'ailleurs très faibles. Cette expérience doit être faite avec du sucre pur ([1]).

Il ne faut pas hésiter à pratiquer la double polarisation toutes les fois qu'il y a de petites quantités de sucres réducteurs en présence du saccharose. *C'est le seul moyen de connaître avec précision la quantité de saccharose cherchée.*

Il est bien entendu qu'une solution sucrée examinée au polarimètre ne doit contenir ni acides végétaux, ni matières albuminoïdes ou autres possédant une action sur la lumière polarisée.

([1]) Préparation du sucre pur d'après M. Pellet (*Bulletin de l'Association des chimistes de sucrerie*, t. XV, p. 813).

On prend 500 grammes de sucre raffiné en pains, on les fait dissoudre entre 40 et 50° dans 250 centimètres cubes d'eau distillée. On ajoute doucement et peu à peu, afin d'éviter la formation de cristaux, 570 centimètres cubes d'alcool absolu en agitant de temps en temps, on laisse refroidir lentement, et bientôt l'excès de sucre cristallise en beaux cristaux et s'attache aux parois du vase. Au bout de quelques jours on décante le liquide et on détache les cristaux, pour cela on plonge le vase dans l'eau un peu chaude, ils se détachent alors aisément. On brise les cristaux, on les réunit dans un entonnoir, on lave avec de l'alcool à 70°, puis à 80° et 90°. Enfin on sèche sur une assiette à 35-40°, puis sous la cloche à acide sulfurique. On obtient ainsi 230 à 240 grammes de sucre pur.

Il faut donc par des traitements appropriés, commencer par se débarrasser de ces substances ; l'emploi d'une petite quantité d'acétate neutre de plomb ou de sous-acétate, s'il n'y a pas de sucres réducteurs, suffit pour donner de bons résultats.

Décoloration des solutions sucrées. — Il arrive souvent que les solutions sucrées sont trop colorées pour pouvoir être polarisées, telles quelles, même sous une épaisseur de 1 décimètre (dans ce dernier cas on doublerait le résultat). Il faut donc les décolorer en grande partie.

Influence des décolorants usuels. — *Sous-acétate de plomb.* — M. Pellet a démontré d'une manière irréfutable et par de très nombreux travaux (voy. bulletin *Association des chimistes*, t. XVI, p. 114 et suivantes) [1] que le sous-acétate a une influence considérable sur la polarisation des sucres réducteurs. Le lévulose est fortement influencé par le sous-acétate de plomb. Une partie est précipitée par l'excès de réactif. Le pouvoir rotatoire de la matière restée en dissolution se modifie en se portant sur la droite. *Donc plus on met de sous-acétate de plomb en excès et plus la polarisation tend à augmenter vers la droite.*

« Par l'emploi du sous-acétate de plomb en pré-

---

[1] Et surtout numéros d'août, septembre et octobre 1896 de ce même bulletin, ainsi que le t. XV, p. 606 (septembre 1897).

« sence de réducteurs on peut avoir et l'on a en effet.

« 1° Précipitation partielle de lévulose.

« 2°   —   —   de dextrose.

« 3° Augmentation du pouvoir rotatoire par préci-
« pitation partielle du lévulose, substance fortement
« lévogyre, et parce que le dextrose est précipité en
« moins grande proportion que le lévulose (environ
« 2,5 à 3 fois moins).

« 4° Enfin, par un grand excès de réactif le lévu-
« lose est modifié et son pouvoir rotatoire tourne de
« plus en plus vers la droite au point de devenir
« positif avec un grand excès de réactif [1] ».

Il est donc bien entendu que le sous-acétate de
plomb ne doit pas être employé pour clarifier les
solutions sucrées quelconques *contenant des sucres
réducteurs* : vesous, jus de sucreries, solutions de mélasses de cannes, etc.

Voici cependant les formules de sous-acétate de
plomb usitées en sucrerie de betterave.

	Codex	Pellet	Courtonne
Acétate neutre de plomb cristallisé.	300	300	350
Litharge....................	100	100	0
Ammoniaque................	0	0	65
Eau.......................	700	1 000	825
Densité...................	1,32	1,22	1,31

Acétate neutre de plomb. — L'acétate neutre de
plomb n'a pas les inconvénients du sous-acétate et il

---

[1] Pellet. *Bulletin de l'Association des chimistes de sucrerie,*
t. XVI, p. 1147.

peut être très utile pour la défécation des vesous. Mais son action décolorante est beaucoup plus faible que celle du sous-acétate ce qui le rend tout à fait insuffisant pour l'examen polarimétrique des mélasses.

Voici la formule de sa préparation (Pellet).

Acétate neutre cristallisé. . . 3oo grammes.
Eau quantité suffisante pour. . 1 ooo centimètres cubes.
Dissoudre puis neutraliser avec quelques gouttes d'acide acétique.

Azotate de plomb. — Acide sulfureux. — Permanganate. — Ces divers décolorants ont été essayés par M. Pellet à qui ils n'ont pas donné de bons résultats en sucrerie de cannes.

Noir animal. — Il est parfaitement démontré que le noir animal absorbe du sucre et des réducteurs dans les solutions sur lesquelles on le fait agir. Toutefois, d'après quelques auteurs le noir animal peut être employé pour décolorer les solutions interverties, car il n'absorbe plus de réducteurs en solutions très acides. Cependant des dosages très précis m'ont démontré qu'il n'en était pas rigoureusement ainsi, malgré la présence de fortes quantités d'acide.

La perte par absorption est cependant assez légère, mais il est prudent de ne pas employer plus de 2 à 3 grammes de bon noir animal lavé pour le poids normal de matière sucrée (16 gr. 29).

Hypochlorite de chaux ou chlorure de chaux du commerce. — L'emploi du chlorure de chaux pour la décoloration des mélasses de cannes a été préconisé par M. Zamaron il y a peu d'années (voir bulletin de l'*Association des chimistes de sucrerie*, t. XVI, p. 337).

Ce procédé a été étudié par M. Pellet, et lui a donné d'excellents résultats. De mon côté je l'ai essayé et j'ai pu me convaincre que l'emploi du chlorure de chaux n'influençait pas sur la polarisation directe et que l'on obtenait avec l'hypochlorite les mêmes résultats qu'avec l'acétate neutre de plomb.

Il faut toujours avoir de très bon chlorure de chaux de façon à ne pas en employer de trop forte quantité.

Voici comment il convient d'opérer : 50 centimètres cubes de solution de mélasse contenant le poids normal (16,29 dans 50 centimètres cubes) sont placés dans un ballon de 200 centimètres cubes. Puis on y verse peu à peu la solution de chlorure de chaux ; en employant un hypochlorite de bonne qualité, 50 à 75 centimètres cubes d'une solution à 1025-1030 de densité (1) suffisent pour amener la décoloration de la quantité de mélasse ci-dessus. On laisse agir deux minutes. M. Pellet a démontré d'ailleurs que l'on pouvait laisser agir beaucoup plus longtemps le chlorure de chaux sans qu'il en résultât d'inconvénients, la liqueur

---

(1) On peut aussi mettre dans un flacon 200 grammes chlorure de chaux avec 500 centimètres cubes d'eau, agiter de temps en temps et filtrer ; 25 à 40 centimètres cubes de cette solution plus concentrée que la précédente suffisent pour décolorer le poids normal de mélasse. (Formule de M. Pellet.)

restant alcaline, il ne peut se produire de décomposition du sucre. Il est bon toutefois d'éviter un trop grand dégagement de chaleur (surtout dans les pays chauds) en plaçant le ballon dans un bain d'eau froide pendant que l'on fait agir l'hypochlorite.

En ayant soin d'ajouter peu à peu l'hypochlorite dans la solution sucrée en agitant doucement on reconnaît facilement le point final ; lorsque la quantité est suffisante la décoloration est très nette, et à un moment donné se fait avec rapidité.

On complète alors à 200 centimètres cubes on agite et on filtre. Si la solution d'hypochlorite est par trop alcaline ou s'il faut trop en employer pour atteindre la décoloration, on fera bien de saturer une grande partie de l'alcalinité par l'acide acétique (Pellet). L'excès d'alcalinité diminue la polarisation.

Ce procédé est précieux pour l'analyse des mélasses de cannes qui le plus souvent sont très fortement colorées, et il m'a rendu les plus grands services.

MÉTHODES CHIMIQUES

Par les méthodes chimiques on ne dose directement que certains sucres dits sucres réducteurs : le glucose, le lévulose, l'interverti ou inverti, etc. Mais le saccharose pouvant être inverti avec la plus grande facilité, ces méthodes peuvent servir également à doser le saccharose.

De même si l'on fait deux dosages successifs, le

premier sur une liqueur sucrée telle qu'elle est, le deuxième sur cette même liqueur après inversion ; le premier dosage donnera le ou les sucres réducteurs préexistant dans la liqueur ou réducteurs directs (r) et le deuxième donnera la somme de ces réducteurs directs et des réducteurs produits par l'inversion du saccharose. *C'est cette somme* que *l'on appelle les réducteurs totaux R.* Or si de R on retranche r le reste $\times$ 0,95 [1] donnera la quantité de saccharose existant dans la liqueur sucrée primitive, c'est-à-dire avant inversion.

Si, d'autre part, ce saccharose a été déterminé par double polarisation (voir p. 218 et 219) les quantités obtenues par ces deux méthodes doivent se correspondre à très peu près. La méthode optique et la méthode chimique se contrôlent ainsi l'une par l'autre.

En voici quelques exemples provenant d'opérations faites sur des matières différentes, exemples extraits de mes notes de laboratoire.

MÉLASSES DE CANNES

Saccharose dosé..	1	2	3	4	5	6	7	8
1° Par double polarisation ou inversion optique.	36,4	36,9	30,5	37,13	31,00	37,00	52,47	55,65
2° Par inversion chimique.. . .	36,1	37,0	30,24	36,91	30,82	36,83	52,19	55,49

Le n° 7 est un gros sirop. Le n° 8 est un sirop batterie.

---

[1] Chacun sait en effet que 100 de saccharose $=$ 105 d'inverti ; donc 1 d'inverti $= \dfrac{100}{105} =$ 0,95 de saccharose.

Malgré toutes les précautions prises il ne faut pas s'attendre dans ce genre d'analyse à une exactitude comparable à celle que l'on obtient dans un grand nombre d'analyses minérales. Les causes d'erreur sont ici trop nombreuses ; avec du soin on doit arriver à une différence de 0,25 à 0,40 au plus.

Les méthodes chimiques sont nombreuses, les plus usitées et les seules dont il soit question ici sont fondées sur la propriété que possèdent certains sucres (et le saccharose après inversion) de précipiter à l'ébullition l'oxyde de cuivre contenu dans les solutions fortement alcalines de tartrate cupro-potassique, ou sodique en les décolorant complètement.

Ces sucres, selon l'expression consacrée, réduisent le Fehling, nom sous lequel on désigne couramment ces liqueurs cuivriques, quoique depuis Fehling un grand nombre d'auteurs en aient donné des formules différentes.

De cette réaction bien connue due primitivement à Trommer, sont nées deux méthodes différentes : dans la *première dite volumétrique* (de beaucoup la plus employée) on cherche combien il faut de centimètres cubes d'une liqueur sucrée, suffisamment étendue d'eau, pour décolorer complètement un volume connu de liqueur cuivrique repérée elle-même au moyen d'une liqueur sucrée contenant un poids exactement connu d'avance de sucre pur.

De là on déduit facilement la quantité de sucre contenue dans la solution sucrée à analyser.

Dans la *deuxième dite pondérale*, on recueille, avec certaines précautions nécessaires, le précipité d'oxydule rouge de cuivre produit par un volume connu de liqueur sucrée agissant sur un fort excès de liqueur cuivrique et après l'avoir séché on le réduit à l'état de cuivre métallique en le chauffant dans un courant d'hydrogène pur. De la pesée du cuivre on déduit en se reportant à des tables spéciales la quantité de sucre cherchée.

Quelques auteurs se contentent de calciner l'oxydule de cuivre et du poids de l'oxyde de cuivre obtenu déduisant celui du cuivre correspondant en le multipliant par $0,7985$. En effet d'après Fresenius $Cu\,O \times 0,7985 = Cu$. Recourant alors aux tables, ils en déduisent le poids de sucre correspondant. Les nombreuses expériences que j'ai faites à ce sujet me permettent d'affirmer que cette méthode n'est pas rigoureuse.

MÉTHODE VOLUMÉTRIQUE

Cette méthode si connue présente le grand avantage de la rapidité, et pour ce motif seul c'est la méthode industrielle par excellence. Mais malgré sa simplicité apparente il n'est pas un procédé d'analyse qui exige autant d'habitude et un ensemble de précautions aussi essentielles à observer si l'on veut arriver à un résultat as s ez exact (¹).

(¹) Exactitude d'autant plus désirable que sa mise en œuvre

Aussi cette méthode a-t-elle été successivement calomniée ou louée outre mesure par les divers chimistes qui s'en sont occupés.

Rien ne démontre mieux d'ailleurs les difficultés pratiques de la méthode volumétrique que la diversité extrême dans la composition des solutions de tartrate cupropotassique ([1]) et dans les divers modes opératoires employés. Réglage du Fehling, dilution de cette liqueur cuivrique, solutions sucrées employées, etc., etc. Tous ces détails ont en effet leur importance. Ainsi par exemple il est bien certain que le même Fehling étendu d'eau exige plus de sucre pour sa réduction complète que lorsqu'il est pur.

Toutefois on est d'accord aujourd'hui sur les points suivants :

exige l'emploi de solutions sucrées très étendues, et que lorsque l'on se reporte ensuite à 100 centimètres cubes de mélasse, l'erreur se trouve multipliée par un nombre très élevé.

([1]) Voici la formule du Felhing que j'emploie, il est en deux solutions :

Solution A.

Sulfate de cuivre pur. . . .	34,66 grammes.
Acide sulfurique.	10 centimètres cubes.
Eau quantité suffisante pour	1 000 » »

Solution B.

Sel de Seignette.	150 grammes.
Lessive des Savonniers. . . .	250 centimètres cubes.
Eau quantité suffisante pour. .	1 000 » »

10 centimètres cubes de chacune de ces solutions plus 30 centimètres cubes d'eau, pour un dosage. J'opère le plus souvent dans une fiole d'Erlenmayer.

1° La solution sucrée à titrer doit être étendue de façon à ne pas contenir plus de 0,5 à 1 p. 100 de sucre.

2° Le Fehling doit être étendu de quatre volumes d'eau.

3° L'opération doit être conduite *aussi rapidement que possible*, ne verser la liqueur sucrée dans le liquide bouillant que goutte à goutte et sans arrêt de façon à ne pas interrompre l'ébullition.

4° Le réglage du Fehling doit être fait en partant de saccharose très pur : 4 gr. 75 de ce sucre sont exactement pesés, introduits dans un petit ballon avec 50 centimètres d'eau et 3 centimètres cubes HCl puis l'on invertit au bain-marie pendant 20 minutes à + 68-70. Après refroidissement on complète à 1000 centimètres cubes (¹).

L'essentiel dans ces dosages est de se placer *toujours rigoureusement dans les mêmes conditions où l'on s'est placé pour régler son Fehling avec la liqueur type de sucre.*

C'est pourquoi il est préférable de titrer son Felhing par rapport à une solution sucrée dont on connaît exactement la teneur en sucre pur plutôt que de déduire ce titre de la teneur du Fehling en cuivre ; teneur qu'il est aisé (surtout lorsqu'il est en deux

---

(¹) Cette solution mise en flacon bouché, avec quelques cristaux de thymol se conserve parfaitement. (Le thymol n'a aucune action sur le Fehling.)

solutions) d'obtenir par voie électrolytique avec la plus grande précision ([1]).

M. Pellet désapprouve absolument l'emploi d'aucun réactif pour vérifier la fin de la réaction, surtout de ceux qui ont pour but de reconnaître s'il y a encore du cuivre dans la liqueur : « Nous avons montré, dit-« il, que la décoloration complète pouvait avoir lieu « tout en laissant du cuivre en dissolution, mais à « l'état minimum. Or si, par suite de diverses cir-« constances, il reste des traces de cuivre au mini-« mum en dissolution, celui-ci s'oxyde au contact de « l'air et par refroidissement, de sorte que les réactifs « tels que le ferrocyanure de potassium décèlent « encore du cuivre, alors que l'opération est terminée. »

A défaut de sucre pur, on peut parfaitement se servir de bon sucre raffiné bien sec, dont on aura déterminé avec précision le titre au saccharimètre. Ainsi un sucre raffiné ayant été examiné au saccharimètre accuse une teneur de 99,7 p. 100 en saccharose, dans ce cas il faudra en peser $\dfrac{4,75}{0,997} = 4,764$ et après inversion et dilution à 1,000 centimètres cubes on aura une solution contenant exactement 5 grammes d'inverti par litre.

([1]) Il est bon que le sulfate de cuivre soit pur. Pour l'obtenir, Soxhlet recommande de dissoudre le sulfate de cuivre pur du commerce dans de l'eau de chaux bouillante et de laisser refroidir en agitant continuellement. On obtient ainsi une poudre cristalline qui, pressée entre deux doubles de papier buvard et séchée à l'air libre dans un endroit un peu chaud, constitue un produit absolument pur.

On a vu précédemment qu'il était absolument essentiel dans les dosages de sucre de se placer toujours rigoureusement dans les mêmes conditions où l'on s'était placé pour régler le Fehling avec la liqueur type.

Cependant il est un point trop négligé en pratique ; c'est que la liqueur type employée pour régler le Fehling ne contient pas de saccharose, alors que très souvent on emploie le Fehling pour doser volumétriquement le sucre interverti en présence de fortes quantités de saccharose. Or Meissl et Soxhlet ont établi que : bien que le saccharose ne réduise pas par lui-même le Fehling, il influence cependant la réaction provoquée par le sucre inverti.

Dans ce cas il est nécessaire d'employer la méthode pondérale.

MÉTHODE PONDÉRALE

Cette méthode est fort exacte mais elle exige l'emploi de tables spéciales qui ont été déterminées par l'expérience en se plaçant dans des conditions bien définies. Il est donc *absolument nécessaire* de se placer pour chaque dosage *rigoureusement* dans les conditions indiquées ici.

La liqueur sucrée ne doit pas contenir plus de 1/2 à 1 p. 100 au plus de sucre. On doit s'en assurer au besoin par un dosage volumétrique préalable et l'étendre en conséquence.

On en prélève 25 centimètres cubes que l'on verse dans une capsule de porcelaine de 10 centimètres de diamètre avec 60 centimètres cubes de Fehling ([1]). *On porte rapidement à l'ébullition* (4 à 5 minutes doivent suffire), *on fait bouillir pendant deux minutes* en plus, en évitant les projections. La durée du chauffage total et surtout celle de l'ébullition ont une grande importance. *On filtre aussitôt le liquide bouillant*, en ayant soin de recueillir le précipité sans aucune perte. *On lave le précipité à l'eau bouillante, on le sèche, calcine et réduit par l'hydrogène pur, enfin on le pèse* ([2]).

Mais quelques détails sont ici nécessaires, car pour la filtration et les opérations ultérieures on peut employer à volonté le tube-filtre Soxhlet ou un filtre en bon papier. Ces deux procédés, je m'en suis assuré par de très nombreux dosages précis,

---

([1]) Ou plutôt avec 30 centimètres cubes de chacune des deux solutions suivantes :

Solution A.

Sulfate cuivre pur bien exempt de fer.	69,28 grammes.	
Acide sulfurique.	10	centimètres cubes.
Eau quantité suffisante pour. . . .	1 000	»　　　»

Solution B.

Sel de Seignette.	346 grammes.	
Soude pure.	100	»
Eau quantité suffisante pour.	1 000 centimètres cubes.	

([2]) Il est bon que la solution sucrée soit assez diluée pour n'avoir à peser que 200 à 250 milligrammes de cuivre au plus.

fournissent des résultats identiques. Le tube Soxhlet a la forme suivante ▬▭ une longueur totale de 20 centimètres et un diamètre 15 à 18 millimètres dans la partie la plus large ; il doit être fait en verre peu fusible.

La préparation du tube-filtre est assez minutieuse. On commence par le monter au moyen d'un bouchon de caoutchouc sur une carafe à filtrer à la trompe, puis avec le bout rond d'un tube à essai, on donne à un petit morceau de toile de platine.la forme d'une petite coupe que l'on place au fond du tube Soxhlet. Alors on verse par-dessus cette toile une bouillie d'amiante finement broyée et préalablement purifiée avec grand soin ([1]). Pendant ce temps on fait fonctionner la trompe, la filtration se fait rapidement, l'amiante se tasse au fond du tube en formant une bourre serrée que l'on régularise avec une baguette nettement coupée et non bordée. Cette bourre doit avoir environ 18 millimètres d'épaisseur et être bien régulièrement tassée, mais non trop fortement. On fait passer ensuite de l'alcool fort dans le tube, puis de l'éther ; on le numérote et on le porte à l'étuve ; après dessiccation complète on le

---

([1]) L'amiante coupée en menus morceaux est mise à bouillir avec de l'acide azotique étendu au $\frac{1}{10}$ puis, lavée longuement à l'eau bouillante jusqu'à ce que celle-ci ne soit plus acide. Il est bon de recommencer cette opération une deuxième fois. Puis on la fait bouillir avec de la soude étendue, on lave, on la fait bouillir de nouveau avec de l'acide azotique, cette fois très étendu, enfin on la lave une dernière fois à l'eau distillée.

laisse refroidir sous la cloche à acide sulfurique et on le pèse au $\frac{1}{10}$ de milligr. près.

On peut ainsi préparer à l'avance un certain nombre de tubes numérotés sur le verre et parfaitement tarés.

On filtre la liqueur de Fehling sur ce tube-filtre qui arrête tout l'oxyde de cuivre (il faut pour cette filtration s'aider de la trompe) ; l'opération terminée, on lave longuement la capsule et le tube-filtre à l'eau distillée bouillante, jusqu'à ce que le liquide filtré ne soit plus alcalin, enfin on lave à l'alcool à 95°, puis à l'éther et l'on sèche à l'étuve. Le tube étant sec, on l'adapte à un appareil à hydrogène pur et lorsque l'air est chassé, on chauffe l'oxyde avec un bec de Bunsen ou une lampe de Berzélius. La réduction est rapide et la vapeur d'eau se dégage par l'effilure ; on la chasse entièrement par la chaleur et après avoir éteint le feu, on maintient le courant d'hydrogène jusqu'à refroidissement presque complet. On le termine sous la cloche et l'on pèse le tube très exactement ; la différence avec la première pesée donne le poids du cuivre réduit par le sucre, d'où, au moyen de tables, on déduit le poids de celui-ci.

Il est toutefois nécessaire de faire une expérience à blanc, c'est-à-dire faire bouillir la même quantité de Fehling, pendant le même temps, avec 25 centimètres cubes d'eau pure (au lieu de solution sucrée) et filtrer sur le tube, dessécher, réduire, etc., pour se rendre compte de la petite quantité de liqueur cuivrique (et par conséquent de cuivre) que, malgré tous les lavages, l'amiante a retenu. Cette quantité est très faible, elle n'a jamais, dans mes expériences, dépassé 1 milligramme de métal ; elle doit être retranchée du poids de cuivre obtenu sous l'action du sucre.

L'opération terminée, on lave le tube à l'acide azotique pur qui dissout le cuivre, puis à l'eau distillée bouillante jusqu'à ce qu'elle ne passe plus acide, enfin on lave à l'alcool, à l'éther et l'on sèche. Le même tube peut servir ainsi un grand nombre de fois. S'il a été bien préparé, sa tare ne varie pas d'une façon sensible d'une opération à l'autre. Cependant pour les dosages précis il est nécessaire de la vérifier à chaque fois.

Au lieu du tube Soxhlet on peut plus simplement employer un petit filtre sans plis de 9 centimètres de diamètre en bon papier Berzélius (j'emploie la marque Munktel OO lavé aux acides chlorhydrique et fluorhydrique). Dans ce cas la trompe est inutile, mais le lavage du papier doit être fait avec le plus grand soin avec de l'eau distillée bouillante, ce lavage ne demande pas moins d'une demi-heure et exige 300 centimètres cubes d'eau, ce qui porte le volume total du filtrat à 385 centimètres cubes.

Plus encore qu'avec le tube filtre, il est nécessaire de faire une expérience à blanc, avec les mêmes volumes de Fehling, en lavant le filtre avec la même quantité d'eau, pour connaître le poids de cuivre retenu par le filtre, poids qui devra être retranché du résultat final. (¹)

Le filtre lavé est séché à l'étuve puis calciné avec les précautions d'usage dans une petite capsule de platine. — Le résidu est alors introduit *sans perte* dans

Fig. 24. — Appareil pour la réduction de l'oxyde de cuivre par l'hydrogène pur.

une petite nacelle de platine, préalablement tarée avec soin, que l'on introduit dans un morceau de tube à combustion effilé par un bout. Ce tube est mis en communication avec un appareil à hydrogène pur et l'on termine comme avec le tube Soxhlet.

Le poids de la nacelle donne celui du cuivre con-

(¹) En opérant dans les conditions indiquées ci-dessus et avec de bon papier, cette quantité de cuivre n'a pas dépassé 2,2 millig.

tenu, dont on déduit le cuivre retenu par le papier du filtre ([1]).

Il est nécessaire que l'hydrogène employé soit pur, car la présence du soufre, du phosphore ou de l'arsenic dans ce gaz, amène une surcharge dans le poids du cuivre obtenu. Voici l'appareil que j'emploie pour la purification de l'hydrogène et la réduction de l'oxyde de cuivre. Voy. la figure 24 :

Le tube horizontal supérieur est rempli de cristaux d'iode mélangés à de la pierre ponce granulée.

Le flacon 1 contient une lessive de potasse ou de soude.

Le flacon 2, une solution de permanganate à 5 p. 100 dans une lessive de soude caustique (d = 1,32).

Le flacon 3, une solution de bichromate de potasse à 5 p. 100 dans l'acide sulfurique concentré et pur.

Le flacon 4, de l'acide sulfurique concentré et pur.

L'éprouvette 5, des fragments de potasse ou de soude caustique.

L'éprouvette 6 est simplement remplie de coton modérément tassé, elle a pour but d'empêcher les retours de flamme qui se produisent parfois lorsque l'on fait passer le gaz sur la nacelle de platine préa-

---

([1]) On peut se dispenser de la réduction par l'hydrogène en dissolvant, au moyen d'acide azotique, l'oxyde de cuivre dans la capsule de platine où il vient d'être calciné et dosant le métal par la voie électrolytique.

Ce procédé fort long ne présente pas d'avantages sur la réduction par l'hydrogène, hors le cas où la solution sucrée contenant de la chaux ou des phosphates le métal serait impur. Mieux vaut, dans ce cas, opérer par méthode volumétrique, voy. p. 228.

lablement portée au rouge. Il convient donc de faire l'inverse et de faire passer quelques minutes le courant d'hydrogène avant de commencer à chauffer.

Enfin il est bien entendu que le dosage pondéral du sucre ne peut être exécuté que sur des liqueurs ne *contenant pas de chaux ou de phosphates terreux précipitables par l'alcali* du Fehling.

Il importe peu d'ailleurs que les liqueurs sucrées soient plus ou moins colorées.

Les deux modes opératoires précédents (tube Soxhlet ou filtre en papier avec nacelle) donnent des résultats identiques et d'une précision parfaite. On peut s'en assurer en préparant, ainsi qu'il a été dit page 230, — 4° une solution contenant exactement 5 grammes de sucre inverti par litre et dosant ensuite par méthode pondérale, sur 25 centimètres cubes de cette solution, le sucre contenu. Si l'on a opéré avec soin on retrouvera très exactement 5 grammes de sucre interverti par litre de solution.

L'inconvénient des méthodes chimiques est d'exiger une dilution parfois grande des moûts et des liquides sucrés, afin qu'ils ne contiennent guère que 1/2 p. 100 environ de sucre inverti ou réducteur. Il en résulte que l'erreur, s'il y en a une, se trouve multipliée par un nombre considérable.

Il est donc nécessaire que le procédé de dosage employé soit très précis, et c'est là l'avantage de la méthode pondérale sur la méthode volumétrique beaucoup plus rapide. La méthode pondérale, pour donner toute la précision dont elle est susceptible, exige la réduction de l'oxyde de cuivre par l'hydrogène et l'emploi de tables spéciales pour passer de la quantité de Cu recueilli à la quantité de sucre correspondant.

Je déconseille absolument l'emploi du facteur 0,7985 pour passer de Cu O a Cu, de façon à n'avoir pas à faire la réduction de Cu O par l'hydrogène, bien que ce facteur corresponde à la composition théorique de Cu O, il ne donne dans la pratique du dosage de sucre que des résultats inexacts. J'ai fait à ce sujet de nombreuses expériences qui ne peuvent être exposées ici sans allonger par trop ces notes, mais desquelles il résulte que le poids de cuivre réduit par H ne correspond jamais exactement dans ces dosages à celui obtenu en multipliant Cu O par 0,7985 [1].

Il en est de même du facteur 0,56693 [2] (et non

____

[1] J'avais pensé que cela provenait d'une réduction partielle de l'oxyde de cuivre par le charbon du filtre pendant la calcination, en conséquence, l'oxyde noir de Cu a été repris par l'acide azotique évaporé à sec, calciné à nouveau, mais les résultats n'ont pas été meilleurs. Toutefois M. Pellet affirme avoir obtenu de bons résultats en calcinant son oxyde dans le moufle des fourneaux de laboratoire de sucrerie dont l'atmosphère est très oxydante. Je n'ai pu vérifier ce fait.

[2] Ce nombre provient de ce que l'on avait admis primitivement comme chose immuable que 1 molécule de glucose (180) réduisait 10 molécules de cuivre (317,5), par conséquent 1 de cuivre correspondait à $\dfrac{180}{317,5} = 0,56693$ de sucre réducteur. Or, ceci est inexact. En pratique, la quantité de cuivre réduit varie avec la nature des sucres, avec la concentration des liqueurs cuivrique et sucrée,

0,569 indiqué dans quelques ouvrages) proposé pour passer du poids de Cu réduit au poids de sucre correspondant sans l'emploi de tables (faible avantage d'ailleurs).

Enfin, il en est également de même du facteur 0,4527 proposé pour passer directement de Cu O pesé au poids du sucre correspondant. Ce facteur 0,4527 = 0,7985 × 0,56693.

Mieux vaut employer avec soin purement et simplement la méthode volumétrique ; entre des mains un peu exercées elle donnera certainement des résultats plus précis que la méthode pondérale ainsi simplifiée.

Tables a employer dans la méthode pondérale pour passer du poids de Cu réduit au poids de sucre correspondant.

1° S'il s'agit de sucre inverti sans saccharose (dosage des réducteurs totaux), se servir de la table à Meissl (voy. l'appendice à la fin de ce volume) et non la table d'Allihn qui ne convient réellement que pour le glucose ou sucre de fécule.

2° S'il s'agit d'*inverti* en *présence de saccharose,* il faut commencer par connaître au moins approxi-

---

avec la durée de l'ébullition, etc., etc. C'est pour cela que les Allemands Moerker, Allihn, Hesse, Soxhlet ont rejeté l'emploi de facteurs et reconnu qu'il fallait en partant de sucres purs, dresser expérimentalement des tables pour chaque espèce de sucre. C'est ce qu'ils ont fait, en se plaçant dans des conditions bien déterminées. Ces tables, ainsi que je l'ai vérifié, sont très exactes lorsqu'on se place exactement dans ces mêmes conditions énumérées page 233.

PAIRAULT. Le Rhum.   16

mativement la proportion de saccharose et se reporter à la table de Meissl et Hiller (voy. l'appendice), surtout si la proportion d'inverti dans le sucre à examiner est supérieure à 1 p. 100, comme dans les sucres bruts et les mélasses de cannes.

3° S'il s'agit de sucres assez purs avec moins de 1 p. 100 de saccharose prendre la table d'Herzfeld (voy. l'appendice).

Dosage des réducteurs directs. — On a vu précédemment que la présence du saccharose en quantité notable influence beaucoup la réaction de l'inverti sur le Fehling bien que le saccharose par lui-même ne réduise pas cette liqueur. C'est pour cela que des tables spéciales [1] ont dû être dressées pour ce cas particulier qui dans l'analyse des mélasses correspond à ce que l'on appelle le dosage des réducteurs directs (*r*), c'est-à-dire des sucres réducteurs existant dans la mélasse avant son inversion.

Voici dans ce cas comment il convient d'opérer, après avoir dosé le saccharose par double polarisation et pesé le cuivre réduit obtenu à la façon ordinaire (expliquée longuement ci-dessus) mais en se servant de la solution sucrée *non invertie*, on divise par 2 le poids de cuivre obtenu, et l'on obtient ainsi approximativement le sucre inverti, c'est-à-dire un

---

[1] Il existe également des tables spéciales pour le lactose et pour le maltose, sucres qui n'ont rien à voir avec la rhummerie.

chiffre suffisant pour établir la proportion de saccharose et d'inverti dans 100 de leur mélange.

Recourant alors à la table de Meissl et Hiller (voy. l'appendice) on obtient un facteur F correspondant au poids de sucre inverti et à la proportion constatée entre celui-ci et le saccharose. On multiplie alors le poids du cuivre pesé (non divisé par 2) par ce facteur F et l'on divise le produit par le poids de mélasse mis en œuvre pour la réduction.

Exemple. Dosage des réducteurs directs dans une mélasse. — On a préparé une solution de mélasse à 1 p. 100 en volume en dissolvant 14 gr. 2 de cette mélasse (10 centimètres cubes) dans quantité suffisante d'eau pour obtenir un litre de solution. On a opéré le dosage des réducteurs directs au Fehling par méthode pondérale en opérant sur 25 centimètres cubes de cette solution, lesquels contenaient par conséquent $\dfrac{14,2 \times 25}{1000} = 0,355$ de mélasse, et l'on a obtenu 0 gr. 2205 de cuivre.

D'après le mode opératoire ci-dessus on a $\dfrac{0,2205}{2} = 0$ gr. 110 milligr.

On écrit dès lors $\dfrac{0,335}{0,110} = \dfrac{100}{x}$ d'où $x = \dfrac{11}{0,355} = 30,98$ ou 31.

Ce qui représente approximativement la proportion d'inverti (ou de réducteurs directs) p. 100 *de mélasse*. Or cette mélasse contenait 30,5 de saccharose pour 100 grammes (déterminé par double polarisation), c'est-à-dire très sensiblement parties égales de ces deux sucres ou 5o d'inverti p. 100 de matière sucrée totale. En effet le calcul donne $3o,5 + 31 = 61,5$ et $\dfrac{61,5}{31} = \dfrac{100}{x}$ d'où $x = \dfrac{3100}{61,5} = 5o,4$, il y avait donc 5o,4 d'inverti contre 49,6 de saccharose. Cherchant dans la table on trouve p. 110 d'inverti et le rapport 5o à 5o le facteur 53,1 la proportion d'inverti ou de réducteurs directs p. 100 grammes de mélasse sera donc $\dfrac{o.22o5 \times 53,1}{o,355} = 32,95$ (¹).

On peut plus simplement doser les réducteurs directs de la façon suivante à recommander surtout pour les moûts : On détermine le saccharose par double polarisation (voy. p. 218), (soit P″ son poids) et les réducteurs totaux (soit R) par le Felhing méthode pondérale et après inversion. Dès lors le poids cherché des réducteurs directs sera $r = R — (P″ \times 1, o5)$.

Cette façon d'opérer est très exacte, peut-être plus même que la précédente, car le saccharose et les réducteurs totaux peuvent être déterminés avec beaucoup de précision. Or, sur 3 données, 2 étant précises, la troisième qui s'en déduit doit l'être également.

(¹) Dans cette mélasse le dosage des réducteurs totaux R avait donné 64,78 gr. p. 100 grammes de mélasse ; d'après la valeur 32,95 ou *r* des réducteurs directs trouvée ci-dessus, on pouvait vérifier le dosage optique du saccharose ; en effet, $64,78 — 32,95 = 31,83$ et $31,83 \times o,95 = 3o,24$ — or, le dosage optique du saccharose donnait 3o,5. (Voy. p. 216, mélasse, n° 3.)

Mais l'on se prive en opérant ainsi, de l'avantage de vérifier le dosage optique du saccharose par son dosage chimique. Vérification qui peut permettre de relever une erreur s'il y en avait eu de commises dans les opérations.

Dosage des réducteurs totaux. — Ce dosage se fait par les méthodes chimiques précédemment décrites et en partant d'un volume connu de solution sucrée suffisamment étendue et préalablement invertie comme il est dit (p. 212).

Employer de préférence la méthode pondérale.

CHAPITRE II

ANALYSE DES MÉLASSES DE CANNES ET DES MOUTS DE RHUMMERIE

Densité des mélasses. — Le plus souvent on prend simplement le degré Baumé au moyen d'un pèse mélasse gradué à 1/10 de degré de 37 à 43° Baumé, mais en raison de la viscosité de la mélasse il faut laisser le pèse-mélasse plusieurs heures en repos avant de faire la lecture.

Si l'on veut avoir la densité réelle, le mieux est d'employer le procédé Siderski : Tarer avec précision un petit ballon de 50 centimètres cubes, puis au moyen d'un petit entonnoir à longue douille le remplir de mélasse jusqu'à quelques centimètres au-dessous du trait de jauge. Ceci fait, retirer avec précaution l'entonnoir en ayant soin de ne pas salir l'intérieur du col du ballon. Peser de nouveau très exactement. Chauffer alors au bain-marie presque bouillant le ballon pendant 45 minutes environ et le laisser en repos plusieurs heures (le mieux jusqu'au lendemain matin) de façon que toutes les bulles gazeuses que contient la mélasse se dégagent bien. Porter alors le petit ballon au-dessous d'une burette de Mohr graduée en 1/10 de centimètre cube et remplir jusqu'au zéro d'alcool fort. Compléter avec cet alcool le volume de 50 centimètres cubes en faisant l'affleurement au trait de jauge avec ce liquide. La quantité d'alcool employée pour cela est lue sur la burette ; en la retranchant de 50 centimètres cubes on a le volume de la mélasse. Connaissant dès lors le poids et le volume de cette mélasse, la densité s'en déduit naturellement.

Premier exemple.

Ballon plein. 76,5326
— vide. 25,2256
Poids de la mélasse. 51,307

Alcool nécessaire pour compléter 50 centimètres cubes $= 13,9$ cm³.
Volume de la mélasse $= 50 - 13,9 = 36,1$ cm³.

$$\text{Densité de la mélasse} = \frac{51,307}{36,1} = 1,421.$$

Deuxième exemple. — Même mélasse, opération de contrôle.

Ballon plein. 85,0286
— vide. 25,2230
Poids de la mélasse $=$ 59,8056

Alcool nécessaire pour compléter 50 centimètres cubes $= 7,9$ cm³.
Volume de la mélasse $50 - 7,9 = 42,1$ cm³.

$$\text{Densité de la mélasse} = \frac{59,8056}{42,1} = 1,4205.$$

La coïncidence est très bonne.

VALEUR D'UNE MÉLASSE EN DISTILLERIE DE RHUM

Analyse sommaire. — Etablissement du rendement théorique d'une mélasse. — Au point de vue de la valeur d'une mélasse en distillerie de rhum, on doit tout d'abord vérifier par la distillation avec de l'eau si son parfum est agréable et si elle ne contient pas d'acide butyrique ce qui arrive assez rarement, seulement dans les vieilles mélasses, et nuit considérablement à la fermentation. L'addition d'antiseptiques aux mélasses est chose inconnue en général et il n'y a pas lieu ordinairement de s'en préoccuper.

Ensuite on dose les réducteurs totaux (R) ce qui se fait très aisément par les méthodes chimiques précédemment décrites. Cette donnée suffit pour établir le rendement *théorique* rapporté à 100 litres de mélasse.

Soit en effet une mélasse de densité 1,41 et contenant en poids 62 p. 100 de réducteurs totaux ou $62 \times 1,41 = 87,40$ p. 100 centimètres cubes. Or, d'après ce qui a été expliqué précédemment (voy. p. 103 note) ce poids correspond à $87,4 \times 0,61 = 53$ lit. 3 d'alcool à 100° par 100 litres de mélasse ou $53,3 \times \dfrac{100}{55} = 96$ lit. 9 d'alcool à 55° (rhum) par 100 litres de mélasse. Tel sera le rendement théorique de cette mélasse en rhum.

Donc si R $=$ le nombre de grammes de réducteurs totaux contenus dans 100 centimètres cubes de mélasse ou, *ce qui est la même chose*, le nombre de kilos contenus dans 100 litres, le rendement *théorique* de cette mélasse en alcool à 55° (rhum) sera donné par la formule : $R \times 0,61 \times \dfrac{100}{55}$ ou $R \times 1,10909$. Tel sera le nombre de litres de rhum à 55°

que pourront théoriquement fournir 100 litres de cette mélasse.

On fait, à cette façon de calculer le rendement théorique d'une mélasse, de fortes objections. Ces objections peuvent se réduire à celle-ci : Toutes les méthodes employées pour doser les réducteurs totaux d'une mélasse ne sont pas rigoureuses, elles ont le défaut de faire compter comme sucres fermentescibles des composés qui ne le sont pas. De sorte que le rendement théorique calculé d'après le dosage des sucres est trop fort, et, ajoute-t-on, s'éloigne parfois beaucoup du rendement pratique. De sorte qu'il vaut mieux déterminer la valeur d'une mélasse d'après un essai de fermentation fait au laboratoire.

Sans nier le fait que les méthodes de dosage des réducteurs totaux ne soient pas absolument rigoureuses, je ne saurais adopter les conclusions qu'on en tire, surtout alors qu'il s'agit d'un rendement théorique.

D'abord, on a beaucoup exagéré l'inexactitude des procédés de dosage. Ainsi les mélasses de cannes contiennent du mannose, du glutose, et de très petites quantités de pentosanes. Ces composés agissent sur le Fehling mais sauf le mannose ne sont pas fermentescibles.

D'après MM. Lobry de Bruyn et Alberda van Eckeinstein qui ont spécialement travaillé cette question, leur proportion dans les mélasses de cannes serait environ : mannose 0,4, glutose 2,2 p. 100.

La mannose étant fermentescible, ne peut occasionner d'erreur en raison de sa petite proportion et de son pouvoir réducteur qui est à peine supérieur à celui du sucre interverti.

Le glutose est infermentescible, de plus son pouvoir réducteur sur la liqueur de Fehling est moitié moindre que celui de l'inverti de sorte que dans les dosages, ce glutose est compté pour une quantité double d'interverti ou inverti, ce qui ferait une erreur assez forte. Mais la quantité de 2,2 p. 100 est un peu élevée, car dans la mélasse Martinique que j'ai adressée à M. Alberda van Eckeinstein, ce chimiste n'a trouvé que 1 p. 100 de mannose.

Enfin restent les pentosanes (¹) qui ne sont pas fermentescibles et qui agissent sur le Fehling comme l'inverti. Leur proportion est faible d'après les expériences de M. A. Stift elle serait en moyenne de 0,68 p. 100. Quelques essais m'ont donné un nombre sensiblement inférieur (0,53).

On voit que toutes ces causes d'erreur réunies ne sont pas si importantes qu'on veut bien le dire et ne peuvent fausser le résultat que 3 à 4 p. 100 au plus.

Quant aux résultats obtenus au laboratoire avec des levures impures, levures pressées de boulangerie ou autres, ils sont à mon avis *sans valeur* ; ces levures n'étant jamais identiques à elles-mêmes ni homogènes

---

(¹) Il est bon de rappeler ici que les mélasses de cannes ne contiennent pas de raffinose.

et constituées par des mélanges très variables de nombreuses espèces sans compter les bactéries. Enfin même avec des levures pures, le résultat final peut varier dans une large mesure avec la même mélasse selon la nature de la levure, toutes conditions étant égales par ailleurs. Telle levure par exemple m'a donné jusqu'à 94,7 p. 100 du rendement théorique, tandis que telle autre n'en a donné que 71. Et *ce rapport s'est retrouvé* avec des mélasses de *richesses notablement différentes en matières* sucrées et fournissant naturellement des quantités différentes d'alcool.

Il résulte de tout cela qu'il n'y a pas d'autre moyen de connaître la valeur absolue d'une mélasse en distillerie que d'en déterminer le rendement théorique au moyen du dosage précis des réducteurs totaux (ou sucre fermentescible total, voir page 28 note). Ce rendement théorique ne pourra être atteint en pratique il est vrai, car il sera toujours calculé un peu trop fort, mais il sera néanmoins *la seule base* pouvant permettre non seulement de comparer les diverses levures entre elles au point de vue de leur production d'alcool, mais encore la valeur des diverses mélasses de cannes à un même point de vue (voir page 103) car l'erreur en trop (faible d'ailleurs) étant très sensiblement la même dans tous les cas, *les résultats n'en restent pas moins comparables* (¹).

____

(¹) On peut objecter que la perte calculée en partant du rende-

***Pratique du dosage des réductéurs totaux dans
une mélasse.*** — 1° Commencer par prendre la densité de la mélasse en expérience soit 1,40 cette densité, dans ce cas 10 centimètres cubes pèseront 14 grammes.

2° Peser exactement 14 grammes de cette mélasse dans une petite capsule, les dissoudre, dans un peu d'eau, verser la solution avec l'eau du lavage de la capsule dans un ballon de 100 centimètres cubes et compléter au trait.

3° Prélever avec une pipette 25 centimètres cubes de cette solution ($= 2^{cc},5$ de mélasse) les introduire dans un petit ballon avec 25 centimètres cubes d'eau et 2 centimètres cubes HCl, invertir 20 à + 68-70. Transvaser dans un ballon de 500 centimètres cubes avec les précautions ordinaires [1]. Neutraliser presque totalement avec de la soude et compléter à

---

ment théorique est légèrement trop forte puisque ce rendement ainsi calculé est lui-même un peu trop fort (de 3 à 4 p. 100 au plus). — Cela est vrai, c'est pour cela que j'estime que quelle que soit la levure et les procédés employés on n'ira pas au delà de 95 à 96 du rendement théorique. — D'ailleurs je le répète, l'erreur étant très sensiblement la même dans toutes les opérations, les résultats n'en restent pas moins comparables.

[1] Si après cette inversion le liquide étendu était à ce point coloré que l'on craignît de ne pouvoir doser volumétriquement le sucre au Fehling et que l'on voulut cependant employer ce procédé plus rapide mais moins exact que le procédé par pesées ; il faudrait compléter à 500 centimètres cubes sans saturer, agiter ce volume avec 2 ou 3 grammes au plus de noir animal pur, bien exempt de phosphate. Filtrer, remplir jusqu'au trait 100 un ballon jaugé à 100-110, ajouter un peu de soude pour saturer et compléter avec de l'eau à 110 ; mélanger, filtrer si besoin est, et titrer au Fehling à la façon ordinaire. Ajouter alors 1/10 au résultat final.

5oo centimètres cubes avec de l'eau. Filtrer si besoin est. On a ainsi une solution de mélasse à 1/200 en volume.

Doser ensuite au Fehling volumétriquement soit 10 centimètres cubes Fehling $=$ A grammes sucre inverti et soit B le nombre de centimètres cubes de solution ci-dessus de mélasse employés pour obtenir la décoloration complète ; le nombre de grammes de réducteurs totaux pour 100 *centimètres cubes de mélasse, ou ce qui est la même chose*, le nombre de kilogrammes de sucre fermentescible total par 100 litres de mélasse sera donné par la formule

$$R = 200 \times \frac{100\ A}{B}$$

4° Pour le dosage par pesée, opérer sur 25 centimètres cubes de la solution de mélasse à 1/200 en volume obtenue ci-dessus (3°), solution neutralisée sans décoloration ; le poids du sucre correspondant à la pesée du cuivre (table de Meissl) devra être multiplié par 800 pour avoir comme au § précédent en grammes les réducteurs totaux R de 100 centimètres cubes mélasse ou en kilogrammes ceux de 100 litres.

Et d'après ce qui a été expliqué page 248, § 4, R $\times$ 0,61 $=$ le rendement théorique (en litres d'alcool absolu) de 100 litres de mélasse et R $\times$ 1,10909 (sensiblement 1,11) $=$ le rendement théorique de cette même mélasse en rhum à 55 degrés.

ANALYSE DES MOUTS DE RHUMMERIE
OU COMPOSITION

1° AVANT FERMENTATION

Moûts de mélasse. — *Dosage des réducteurs totaux ou sucre fermentescible total.* — Ces compositions étant faites en général à 10 p. 100 de mélasse en volume, en prélever 25 centimètres cubes avec une pipette, les introduire dans un ballon avec 25 centimètres cubes d'eau et 2 cm³ HCl ; invertir 20′ à + 68-70. Compléter à 500 centimètres cubes etc., comme pour l'analyse précédente. Opérer exactement comme il vient d'être dit, soit volumétriquement, soit par méthode pondérale. Calculer en grammes pour 100 centimètres cubes de moût (ce qui donnera le nombre de kilogrammes par 100 litres). Le moût étant étendu vingt fois, la formule pour le dosage volumétrique est $R = 20 \times \dfrac{100\,A}{B}$.

Si la composition est faite à 15 p. 100 de mélasse en volume, il est bon d'étendre les 25 centimètres cubes à 1,000 au lieu de 500.

Dans ce cas, pour le dosage volumétrique la formule est $R = 40 \times \dfrac{100A}{B}$.

Pour le dosage pondéral le poids de sucre inverti correspondant à la pesée du cuivre (table de Meissl) devra être multiplié par 80 si le moût a été étendu vingt fois ou $\left(\dfrac{25}{500}\right)$ ou par 160 si le moût a été étendu 40 fois ou $\left(\dfrac{25}{1000}\right)$ [1]. On aura ainsi en grammes la quantité R de sucre fermentescible total contenu dans 100 centimètres cubes ou en kilogrammes, la quantité contenue dans 100 litres.

Par conséquent R $\times$ 0,61 sera le rendement théorique (en litres d'alcool absolu) de 100 litres du moût analysé, et R $\times$ 1,10909 (sensiblement 1,11) sera le rendement théorique du même moût en alcool à 55 degrés.

Acidité des moûts de mélasse. — Pour ce dosage voir vinasse.

Moûts de vesou et de sirop batterie. — *Sucre fermentescible total.* — Opérer exactement comme pour les moûts de mélasse.

Acidité. — L'acidité des moûts de vesou peut se déterminer directement. Le moût filtré est additionné de son volume d'eau et de quelques gouttes de phtaléine puis dosé avec la solution normale de soude. Opérer sur 10 ou 20 centimètres cubes de moût.

2° APRÈS FERMENTATION

Analyse des moûts fermentés ou « grappes ». — *Acidité.* — Pour les grappes de mélasse, opérer comme pour la vinasse.

---

[1] Il est bon ne pas avoir à peser plus de 200 à 250 milligrammes de cuivre. — Ne pas oublier qu'on ne doit employer la méthode pondérale qu'avec des liquides exempts de chaux.

Pour les grappes de vesou (grappes blanches) opérer comme il vient d'être dit pour les moûts de vesou.

Pour la recherche de la nature des acides volatils dans les moûts fermentés, employer la méthode de Duclaux (voir Duclaux, *traité de microbiologie générale*, t. III, p. 386) avoir soin seulement de diluer préalablement le moût avec trois fois son volume d'eau avant de distiller.

Alcool. — Le dosage de l'alcool se fait par distillation avec les précautions d'usage ; il est bon d'opérer sur 250 centimètres cubes et de distiller aux trois quarts, puis de compléter le volume primitif à 250 centimètres cubes. Avec ce volume de liquide on peut faire usage d'alcoomètres contrôlés divisés en 1/5 de degré.

Sucres réducteurs non fermentés. — Se débarrasser de l'alcool par ébullition, ramener par addition d'eau au volume primitif après refroidissement. Prélever 50 centimètres cubes avec une pipette, les introduire dans un ballon jaugé de 200 centimètres cubes avec 3 centimètres cubes HCl, invertir 20′ à + 68-70, après refroidissement compléter à 200 centimètres cubes.

En général le liquide étant fortement coloré, il vaut mieux doser les réducteurs par pesée sur 25 centimètres cubes ainsi qu'il a été dit dans les pages précédentes. Le résultat $\times$ 16 donnera la quantité de réducteurs contenue dans 100 centimètres cubes de grappe.

Avec les grappes de vesou on peut décolorer, par 2 ou 3 grammes de noir très pur, le liquide inverti et dilué au 1/4 comme ci-dessus, filtrer, remplir du filtrat jusqu'au trait 100 un ballon jaugé à 100-110, neutraliser par un peu de soude, compléter à 110 ; filtrer de nouveau si nécessaire, et doser volumétriquement.

La formule pour 100 centimètres cubes sera $R = 4 \times \dfrac{100\,A}{B}$ ajouter 1/10 au résultat à cause de la dilution de 100 à 110.

CHAPITRE III

ANALYSE DES VINASSES

Recherche et dosage de l'alcool. — Lorsque l'appareil distillatoire de la rhummerie est bon et bien conduit, il ne reste que très peu d'alcool dans les vinasses, il est bon de temps en temps de faire ce dosage pour s'en assurer. A cet effet on opérera sur un litre de vinasse que l'on neutralisera et distillera lentement dans un ballon de verre relié à l'appareil de Schlœsing modifié par Aubin, on recueillera 100 centimètres cubes de liquide et y dosera l'alcool soit au moyen d'un petit alcoomètre Salleron soit avec un compte-gouttes Duclaux si cette quantité est trop faible. Le résultat final sera divisé par 10.

Acidité. — L'acidité des vinasses est difficile à déterminer à cause de l'extrême coloration des liqueurs qui empêche d'opérer autrement qu'à la touche et même dans ces conditions les résultats de plusieurs essais successifs sont souvent peu concordants.

J'ai successivement essayé plusieurs papiers sensibles et de nombreux procédés indirects sans avoir de bons résultats (¹). Finalement je me suis arrêté au suivant :

20 centimètres cubes de vinasse sont étendus à 200 centimètres cubes avec de l'eau, puis on sature par la soude normale, le terme de l'opération est indiqué par la touche sur un papier de curcuma sensible préparé avec de la racine récente et selon les indications données par Mohr (*traité d'analyse chimique par liqueurs titrées*, 3ᵉ édition 1880, p. 80). Les résultats sont très nets, lorsque la saturation est obtenue il se forme autour du point touché un petit cercle rouge bien visible, au delà, c'est le point touché lui-même qui est rouge. Se servir d'une très fine baguette de verre. On peut au besoin faire une correction en cherchant combien il est nécessaire d'ajouter de gouttes de soude normale à 220 centi-mètres cubes d'eau pour obtenir sur le papier de curcuma le même petit cercle rouge, quantité qui devra être retranchée de celle employée à chaque dosage ; mais cette correction est presque nulle.

Par cette méthode 7 à 8 dosages successifs sur la même vinasse ne donnent que des écarts de o cm³ 1 à o cm³ 2 au plus.

(¹) Cependant on obtient également de bons résultats en opérant à la touche avec le papier de tournesol sensible, spécial, de H. Pellet, préparé par Gallois et Dupont, rue de Dunkerque, Paris.

CHAPITRE IV

ANALYSE COMPLÈTE D'UNE MÉLASSE DE CANNES

Quoique cette analyse complète ait peu d'importance en rhummerie, voici la marche à suivre dans ce cas.

Eau. — Peser exactement 20 grammes de mélasse, les dissoudre dans quantité suffisante d'eau pour faire 100 centimètres cubes.

D'autre part, tarer exactement une capsule plate en nickel contenant une petite baguette de verre et 12 à 15 grammes de pierre ponce granulée, le tout préalablement desséché à 110 et refroidi sous la cloche à acide sulfurique.

Ceci fait, prélever avec une pipette 10 centimètres cubes de la solution de mélasse (soit 2 grammes de mélasse) ci-dessus, les verser sur la pierre ponce en remuant doucement avec la petite baguette de verre. Porter alors le tout à l'étuve à 100° pendant 4 à 5 heures, terminer à 110, laisser refroidir sous la cloche à acide sulfurique et peser.

La différence de poids, entre la tare primitive augmentée de 2 grammes, et la dernière pesée, multipliée par 5o donnera l'eau contenue dans 100 grammes de mélasse.

Matières solides totales. — En retranchant de 100 l'eau dosée on a le total des matières solides.

Cendres. — Peser exactement 5 grammes de mélasse dans une capsule de platine, ajouter peu à peu environ 2 centimètres cubes acide sulfurique concentré, laisser sous une cloche la masse s'échauffer pendant quelques heures, chauffer alors doucement jusqu'à carbonisation complète, pulvériser sans perte le charbon obtenu, et calciner ensuite jusqu'à ce que les cendres soient bien blanches.

Peser après refroidissement sous le dessiccateur. Le poids des cendres multiplié par 20 donnera les cendres sulfatées de 100 grammes de mélasse. On retranche ordinairement 1/10 au résultat.

Matières sucrées. — Cette détermination comporte un certain nombre d'opérations.

A. — Peser $16,9 \times 5 = 81,45$ de mélasse, les dissoudre dans 15o centimètres cubes environ d'eau chaude, transvaser dans un ballon de 25o et après refroidissement compléter au trait.

5o centimètres cubes de cette solution $=$ le poids normal 16,29. Cette solution sera désignée dans la suite par les initiales L P.

B. — Mesurer 5o centimètres cubes de la solution précédente (L P), les placer dans un ballon de 200 centimètres cubes ([1]), décolorer par l'hypochlorite de chaux (voy. p. 223), après refroidissement compléter à 200 centimètres cubes. Filtrer. Polariser au tube de 20 centimètres cubes.

Le résultat $\times$ 2 = Polarisation directe soit P.

C. — Mesurer 50 centimètres cubes de la solution L P, les placer dans un ballon de 200 centimètres cubes avec 5 centimètres cubes au plus HCl, invertir 20, à + 68-70, après refroidissement compléter à 200 centimètres cubes. Décolorer au besoin avec 2 à 3 grammes de noir animal très pur.

Polariser au tube de 20 centimètres.

Résultat $\times$ 2 = Polarisation après inversion = P'.

D. — Mesurer 50 centimètres de la solution L P, étendre à 1000 centimètres cubes ([2]) y doser les réducteurs directs par méthode pondérale et les tables de Meissl et Hiller. Opérer sur 25 centimètres cubes solution sucrée et 60 centimètres cubes Fehling comme il est dit p. 233 ; se rappeler que la solution est au titre de $\dfrac{16,29}{1000}$.

Calcul fait, le rendement obtenu donnera les réducteurs directs, soit r.

([1]) En employant une solution de bon chlorure de chaux à 40 p. 100, 25 à 30 centimètres cubes de ce liquide suffisent pour obtenir la décoloration. — On peut donc opérer dans un ballon de 100 centimètres cubes. — On n'a pas ainsi à multiplier le résultat par 2. S'il se produit une mousse gênante, on s'en débarrasse très aisément avec 2 ou 3 gouttes d'alcool fort, bien préférable pour cet objet à l'éther (Pellet).

([2]) Avec les gros sirops et sirops batterie, étendre à 500 centimètres cubes seulement.

E. — Mesurer 25 centimètres cubes de la solution LP, ajouter 25 centimètres cubes d'eau, environ 3 centimètres cubes HCl, invertir 20' à + 68-70 dans un ballon de 100 centimètres cubes ([1]). Transvaser dans un ballon de 1000 centimètres cubes étendre à 5 ou 600 centimètres cubes, neutraliser presque en entier par le carbonate de soude, et après refroidissement compléter à 1000. Doser au Felhing par méthode pondérale.

Se rappeler que 1000 centimètres cubes de cette solution = 8 gr. 145 de mélasse.

Calcul fait, on a les réducteurs totaux = R.

Avec les quatre données P P' R r on a, en y ajoutant t, tout ce qui est nécessaire pour l'analyse de la matière sucrée. Ainsi P et P' donnent le poids réel du saccharose (P″) par double polarisation au moyen de la formule $P'' = \dfrac{100\,S}{142,6 - 0,5\,t}$ (voy. p. 219).

Comme contrôle de cette valeur on pose :

$$\text{Saccharose} = R - r \times 0,95.$$

Ces deux valeurs doivent se correspondre à 0,3 ou à 0,4 p. 100 au plus. Enfin R et r sont les réducteurs totaux et réducteurs directs de ces mélasses.

F. Mais on peut pousser l'analyse plus loin et déterminer la composition en lévulose et dextrose des réducteurs contenus dans la mélasse (réducteurs directs).

([1]) On peut aussi tout simplement prélever 100 centimètres cubes du liquide sucré obtenu en C et continuer ainsi qu'il est dit.

Il faut pour cela poser les formules suivantes de M. Pellet.

Soit : D $=$ différence entre le saccharose réel P″ et la polarisation directe P ;

$r =$ les réducteurs directs ;

$x =$ le lévulose ;

$y =$ le dextrose ;

$z =$ le pouvoir rotatoire du lévulose à la température t à laquelle on a opéré ;

0,793 $=$ le pouvoir rotatoire du dextrose lequel est sensiblement invariable (Jungfleisch et Grimbert).

On a $x = r - y$ et $y = \dfrac{r\,L - D}{L + 0,793}$.

Le pouvoir rotatoire du lévulose d'après les travaux de MM. Jungfleisch et Grimbert est à o $= -$ 101,38 $-$ o 56 T $+$ 0,108 $(c - 10)$ donc, celui du sucre étant 1 on a pour valeur de L :

à $+$ 15° $= -$ 1,399			à $+$ 27 $= -$ 1,298		
$+$ 20 $= -$ 1,356			$+$ 28 $= -$ 1,290		
$+$ 23 $= -$ 1,332			$+$ 29 $= -$ 1,281		
$+$ 25 $= -$ 1,313			$+$ 30 $= -$ 1,272		
$+$ 26 $= -$ 1,305			$+$ 31 $= -$ 1,264		

Exemple (analyse de mélasse) :

Soit : P″ $=$ 30,90 } donc D $=$ 6,1.
P $=$ 24,8 }
$r =$ 29,5 } donc L $=$ 1,332.
$t =$ 23 }

On a $x = 29,5 - y$ et $y = \dfrac{29,5 \times 1,332 - 6,1}{1,332 + 0,793} = \dfrac{33,19}{2,125} = 15,6$.

Donc $x = 29,5 - 15,6 = 13,9$.

Par conséquent les 29,5 de réducteurs contenus dans 100 de cette mélasse avaient pour composition :

Dextrose.	15,6
Lévulose.	13,9
Total.	29,5 [1]

Autre exemple :

Soit : $\begin{aligned} P'' &= 37,13 \\ P &= 33,5 \end{aligned} \Big\}$ donc $D = 3,63$.

$\begin{aligned} r &= 29,5 \\ t &= 31,0 \end{aligned} \Big\}$ donc $L = 1,264$.

On a $x = 29,5 - y$ et $y = \dfrac{29,5 \times 1,264 - 3,63}{0,793 + 1,264} = \dfrac{33,658}{2,057} = 16,36$.

Donc $x = 29,5 - 16,36 = 13,14$.

Par conséquent les 29,5 de réducteurs contenus dans 100 de cette mélasse avaient pour composition :

Dextrose	13,14
Lévulose	16,36
Total.	29,5

Les réducteurs de cette mélasse contenaient donc plus de lévulose que de dextrose ; d'après

---

[1] Analyse de M. Pellet.

M. Pellet quand la canne est de bonne qualité on observe généralement le contraire.

Matières organiques et non sucre. — Les matières organiques se dosent en bloc et par différence. On fait la somme du saccharose, des réducteurs directs et des cendres et l'on déduit cette somme du total des matières solides ; total qui a été déterminé par le dosage de l'eau. Ainsi une mélasse Martinique a donné à l'analyse.

```
Eau 21,8 p. 100, donc matières sèches 78,2, puis d'autre part :
   Saccharose réel. . . . . . . . . . . . . . . . . . . . .  36,3
   Réducteurs. . . . . . . . . . . . . . . . . . . . . . . .  26,9
   Cendres sulfuriques — 1/10. . . . . . . . . . . . .   4,2
                                                        ─────
            Total . . . . . . . . . . . . . . . . . .  67,4
```

Or en retranchant 67,4 de 78,2, on trouve 10,8 pour les matières organiques indéterminées. On écrira donc cette analyse.

```
Saccharose réel . . . . .  36,3 ⎫
Réducteurs . . . . . . .  26,9 ⎪
Cendres sulfuriques —         ⎬ = Matières solides.  78,2
    1/10. . . . . . . .    4,2 ⎪
Matières organiques. .  10,8 ⎭
Eau  dosée. . . . . . . . . . . . . . . . . . . . . .  21,8
                                                       ─────
              Total . . . . . . . .  100,0
```

Analyse des cendres. — Cette analyse est sans intérêt pour les rhummeries et ne présente d'ailleurs rien de particulier. Je me contenterai donc de renvoyer au mémoire de M. Pellet (*Bulletin de l'Association des chimistes de sucrerie*, t. XV, p. 799 et 800).

Quotient de pureté d'une mélasse. — Cela n'a d'importance que pour le fabricant de sucre, il est bon cependant de savoir ce qu'on appelle ainsi : c'est la quantité de saccharose contenue dans 100 de matières solides, ainsi une mélasse contenant 77,9 de matières solides et seulement 30,9 de saccharose aura pour quotient de pureté $\dfrac{77,9}{30,9} = \dfrac{100}{x}$ $x = \dfrac{3090}{779} = 39,6$.

APPENDICE

Le thermomètre Fahrenheit est employé dans tous les pays anglais.

Voici la formule qui permet de passer de F degrés Fahrenheit à x° centigrades.

x° centigrades $= \dfrac{5}{9}$ (F — 32); donc, retrancher 32 de F et multiplier par $\dfrac{5}{9}$; ainsi 109 Fahrenheit $= (109 - 32) \times \dfrac{5}{9} = 42°,78$. Pour transformer les degrés centigrades en degrés Fahrenheit, faire l'inverse; c'est-à-dire multiplier les degrés centigrades par $\dfrac{9}{5}$ et ajouter 32. Ainsi $+ 37°,5$ centigrades $= \left(37°,5 \times \dfrac{9}{5}\right) + 32 = 99°,5$ Fahrenheit.

La petite table suivante, ne comprenant que les degrés de température qui se rencontrent dans les rhummeries, permet de passer sans calcul du degré Fahrenheit au degré centigrade.

FAHR.	CENTIGR.	FAHR.	CENTIGR.	FAHR.	CENTIGR.
77	25,	90	32,22	103	39,44
78	25,56	91	32,78	104	40,00
79	26,11	92	33,33	105	40,56
80	26,67	93	33,89	106	41,11
81	27,22	94	34,44	107	41,67
82	27,78	95	35,00	108	42,22
83	28,33	96	35,56	109	42,78
84	28,89	97	36,11	110	43,33
85	29,44	98	36,67	111	43,89
86	30,00	99	37,22	112	44,44
87	30,56	100	37,78	113	45,00
88	31,11	101	38,33		
89	31,67	102	38,80		

2° AÉROMÉTRIE

L'AÉROMÈTRE DE BAUMÉ, pour les liquides plus lourds que l'eau, est d'un usage constant dans toutes les rhummeries françaises. Il est donc nécessaire de pouvoir transformer ses degrés en indications du densimètre.

Formule — Densité $= \dfrac{144.32}{144.32 - n}$

n étant le nombre de degrés Baumé lus sur l'instrument.

La table suivante dispense de tout calcul.

DEGRÉS BAUMÉ	DENSITÉ	DEGRÉS BAUMÉ	DENSITÉ
0	1,0000	4	1,0285
1	1,0069	5	1,0358
2	1,0140	6	1,0434
3	1,0212	7	1,0509

DEGRÉS BAUMÉ	DENSITÉ	DEGRÉS BAUMÉ	DENSITÉ
8	1,0587	30	1,2624
9	1,0665	31	1,2736
10	1,0744	32	1,2849
11	1,0825	33	1,2965
12	1,0907	34	1,3082
13	1,0990	35	1,3202
14	1,1074	36	1,3324
15	1,1160	37	1,3447
16	1,1247	38	1,3574
17	1,1335	39	1,3703
18	1,1425	40	1,3834
19	1,1516	41	1,3968
20	1,1608	42	1,4105
21	1,1702	43	1,4244
22	1,1798	44	1,4386
23	1,1896	45	1,4531
24	1,1994	46	1,4678
25	1,2095	47	1,4828
26	1,2198	48	1,4984
27	1,2301	49	1,5141
28	1,2407	50	1,5301
29	1,2515		

Aéromètre de Twalde. — Cet aéromètre est très employé dans les pays anglais, rien de plus facile que de transformer ses degrés en indications du densimètre : il suffit de les multiplier par 0,005 et ajouter ensuite une unité.

Ainsi $12° \text{ Twalde} = 1 + (12 \times 0,005) = 1,060$.

3° ALCOOMÉTRIE

Dans tous les pays français, l'alcoomètre légal est l'alcoomètre centésimal dû primitivement à Gay-Lussac. Dans cet instrument, le point o marque l'eau pure et le point 100 l'alcool absolu. Il a été construit expérimentalement en l'immergeant dans des mélanges contenant, pour le total de 100 volumes de liquide, un volume bien connu d'alcool pur et le reste d'eau. De sorte que lorsqu'il marque n degrés dans un alcool cela veut dire que 100 volumes de l'alcool examiné contiennent n volumes d'alcool pur. Ainsi, 100 litres d'alcool à 55° contiennent 55 litres d'alcool pur.

Cet instrument ayant été établi pour la température de $+ 15$, il est nécessaire, pour toute autre température, de procéder à une correction au moyen de tables qui se trouvent dans toutes les mains.

A la Martinique, il est d'usage courant dans le commerce de retrancher toujours 5 au degré du rhum lu sur l'alcoomètre. Cette façon d'opérer n'est évidemment qu'approximative, mais les variations annuelles ou journalières de la température étant faibles, l'erreur, quoique sensible, n'est pas aussi grande qu'on pourrait le croire tout d'abord.

L'usage de l'alcoomètre donne d'ailleurs lieu parfois à un certain nombre de problèmes assez embarrassants, pour certains distillateurs, surtout ceux de coupage et de remontage, dont l'examen entraînerait trop loin ici. Il y a, d'ailleurs, des tables spéciales pour cela.

A noter seulement qu'il ne faut pas confondre la force réelle avec la richesse alcoolique.

La force réelle est le degré que marquerait un alcoomètre si l'alcool examiné était à la température de $+ 15$.

La richesse alcoolique est la force réelle d'un alcool multipliée par son volume à $+15$.

La table de la régie est la table des richesses alcooliques.

En pratique de rhummerie, on a souvent besoin de savoir à quel volume v' d'alcool à $D°$ correspond un volume v d'alcool à $D'°$. Dans ce cas, la formule est $v' = \dfrac{v \times D'}{D}$.

Exemple : à quel volume d'alcool à 55° correspondent 50 litres d'alcool à 79?

On a $v' = \dfrac{50 \times 79}{55} = 71$ litres 82.

Et inversement si l'on voulait savoir à quel volume d'alcool à 79 correspondent 50 litres d'alcool à 55?

On aurait $v' = \dfrac{50 \times 55}{79} = 34$ litres 81.

HYDROMÈTRE DE SYKES

En Angleterre, *l'alcoomètre légal est l'hydromètre de Sykes* (Sykes hydrometer). — C'est un aéromètre à poids et à volume variable. Il est construit de telle sorte que la force du liquide est obtenue au moyen de poids additionnels que l'on ajoute les uns ou les autres à la partie inférieure de l'instrument, selon la richesse en alcool du liquide examiné. Le flotteur et la tige sont en métal doré, et celle-ci est divisée en dix parties égales portant elles-mêmes cinq divisions.

Cet instrument n'indique pas directement la densité ou la richesse en alcool absolu, mais bien le rapport qui existe entre l'alcool examiné et un autre alcool pris pour type et que l'on appelle alcool de preuve ou *proof-spirit*. Les indications de l'instrument sont ainsi exprimées en degrés au-dessus (over) ou en degrés au-dessous (under) de la preuve.

C'est sur cette base que l'administration anglaise perçoit les droits de douane ou de consommation concernant l'alcool. Ainsi, si dans un pays anglais l'alcool de preuve paie 6 schillings de droits par gallon, un alcool à 5o au-dessus de la preuve (5o over proof) paiera $6 \times 1,5o = 9$ schillings, tandis qu'un alcool à 5o° au-dessous de la preuve (5o under proof) paiera $6 \times 0,5 = 3$ schillings.

Il peut être très utile aux rhummiers de pouvoir aisément transformer les degrés anglais de l'hydromètre Sykes en degrés centésimaux français, et réciproquement.

Pour y parvenir, il convient de remarquer que dans l'échelle de l'hydromètre de Sykes l'alcool absolu correspond à 74 degrés au-dessus de la preuve et que l'eau pure correspond à 1oo divisions au-dessous; soit au total 174 divisions, qui valent 1oo degrés de l'alcoomètre centésimal.

Il résulte de là :

1° Que 1 degré de l'alcoomètre = 1 division, 74 de l'hydromètre;

2° Que 1 division de l'hydromètre $= \dfrac{1oo \,(^1)}{174} = 0,5747$ de l'alcoomètre;

(¹) La fraction $\dfrac{1oo}{174}$ égale à très peu près $\dfrac{1oo}{175}$ laquelle simplifiée

3° Que 100 divisions de l'hydromètre = 57,47 de l'alcoomètre ;

4° Que ce degré 57,47 (ou 100 divisions de l'hydromètre) est le degré de l'alcool de preuve, et, en même temps, le point o, à partir duquel les degrés se comptent au-dessus ou au-dessous.

Soit maintenant à transformer les degrés Sykes en degrés de l'alcoomètre :

1° Si ces degrés sont au-dessus de la preuve (over proof), il faudra d'abord les multiplier par 0,5747 puis y ajouter le nombre 57,47.

Exemple : 41 over proof $= 0,5747 \times 41 + 57,47 = 81°$ alcoométriques.

2° Si ces degrés sont au-dessous de la preuve (under proof), il faudra les multiplier par 0,5747 et retrancher le produit du nombre 57,47.

Exemple : 60 under proof $= 57,47 - (60 \times 0,5747) = 23°$ alcoométriques.

Soit, au contraire, à transformer les degrés de l'alcoomètre en degrés de l'hydromètre Sykes :

1° Le nombre des degrés de l'alcoomètre est infé-

---

en divisant ses deux termes par 25 devient égale à $\frac{4}{7}$. — Si donc on n'a pas besoin d'une grande exactitude, on peut écrire :

Preuve anglaise $(57,47) + \left(\text{Degrés Sykes over proof} \times \frac{4}{7}\right) =$ N° alcoométriques.

Preuve anglaise $(57,47) - \left(\text{Degrés Sykes under proof} \times \frac{4}{7}\right) =$ N° alcoométriques.

Ces formules sont assez faciles à retenir et peuvent dispenser de la table ci-jointe, voir page 276.

rieur à 57,47, on le retranche de ce nombre et le reste, multiplié par 1,74 donnera la solution cherchée en degrés Sykes au-dessous de la preuve.

Exemple : 23° de l'alcoomètre = (57,47 — 23) × 1,74 = 60 under proof.

2° L'indication de l'alcoomètre est supérieure à 57,47, on en retranchera 57,47, et le reste, multiplié par 0,5747, donnera le nombre cherché de degrés Sykes au-dessus de la preuve.

Exemple : 77° de l'alcoomètre = (77 — 57,47) × 1,74 = 34 over proof.

Les tables suivantes dispensent de tout calcul.

BOBBLESS ANGLAIS

On emploie dans les colonies anglaises et dans quelques autres pays un système assez particulier pour déterminer la force des alcools, surtout des rhums.

On se sert de petites ampoules ou flotteurs en verre de la forme ci-contre de volume et de poids différents, réglées de façon à ce qu'elles restent immergées au centre de liquides alcooliques de densités différentes afin d'en indiquer la richesse.

Ces ampoules sont au nombre de 15, numérotées 16 à 30. Le n° 16 (le plus faible) sert pour les alcools les plus forts et le n° 30 (le plus fort) sert pour les alcools les plus faibles.

Ces ampoules, ou *bobbless*, sont réglées sur l'an-

TABLES DE CONVERSION DES DEGRÉS DE L'HYDROMÈTRE SYKES

En degrés de l'alcoomètre et vice versa.

OVER PROOF

Hydromètre.	Alcoomètre.
1	58
2	58,6
3	59,2
4	59,7
5	60,3
6	60,9
7	61,5
8	62,1
9	62,6
10	63,2
11	63,8
12	64,4
13	64,9
14	65,5
15	66,1
16	66,6
17	67,2
18	67,8
19	68,4
20	68,9
21	69,5
22	70,1
23	70,7
24	71,2
25	71,8
26	72,4
27	73,0
28	73,5
29	74,1
30	74,7
31	75,3
32	75,8
33	76,4
34	77,0
35	77,6
36	78,1
37	78,7
38	79,3
39	79,9
40	80,5
41	81,0
42	81,6
43	82,2
44	82,7
45	83,3
46	83,9
47	84,5
48	85,0
49	85,6
50	86,2
51	86,8
53	87,9
55	89,1
57	90,2
60	92,0
65	94,8
70	97,7
74	100,0

UNDER PROOF

Hydromètre.	Alcoomètre.
1	56,9
2	56,3
3	55,7
4	55,2
5	54,6
6	54,0
7	53,4
8	52,9
9	52,3
10	51,7
11	51,1
12	50,6
13	50,0
14	49,4
15	48,8
16	48,2
17	47,7
18	47,1
19	46,5
20	46,0
21	45,4
22	44,8
23	44,5
24	43,7
25	43,1
26	42,5
27	42,0
28	41,4
29	40,8
30	40,2
31	39,6
32	39,1
33	38,5
34	37,9
35	37,4
40	34,5
45	31,6
50	28,7
55	25,8
60	23,0
65	20,1
70	17,2
75	14,4
80	11,5
90	5,7
100	0

OVER PROOF

Alcoomètre.	Hydromètre.
100	74
99	72,3
98	70,5
97	68,8
96	67,0
95	65,3
94	63,6
93	61,8
92	60,1
91	58,3
90	56,6
89	54,9
88	53,1
87	51,4
86	49,6
85	47,9
84	46,2
83	44,4
82	42,7
81	40,9
80	39,2
79	37,5
78	35,7
77	34,0
76	32,2
75	30,5
74	28,8
73	27,0
72	25,3
71	23,5
70	21,8
69	20,1
68	18,3
67	16,6
66	14,8
65	13,1
64	11,4
63	9,6
62	7,9
61	6,1
60	4,4
59	2,7
58	0,9
57,47	0

UNDER PROOF

Alcoomètre.	Hydromètre.
57	0,8
56	2,6
55	4,3
54	6,0
53	7,8
52	9,5
51	11,3
50	13,0
49	14,7
48	16.5
47	18,2
46	20,0
45	21,7
44	23,4
43	25,2
42	26,9
41	28,7
40	30,4
39	32,1
38	33,9
37	35,6
36	37,4
35	39,1
34	40,8
33	42,6
32	44,3
31	46,1
30	47,8
29	49,5
28	51,3
27	53,0
26	54,8
25	56,5
24	58.7
23	60,0
22	61,7
21	63,5
20	65,2
15	73,9
10	82.6
5	91,3
0	100,0

Over = au-dessus
Under = au-dessous.

cien alcoomètre de Cartier, encore en usage dans certains pays, notamment en Haïti.

L'ampoule 25 correspond au 25 Cartier, mais l'ampoule 24 correspond au 26 Cartier, et ainsi de suite, de même l'ampoule 26 correspond au 24 Cartier et l'ampoule 30 au 20 Cartier.

Voici le tableau de ces bobbless avec les degrés Cartier, les degrés alcoométriques et Sykes correspondants :

BOBBLESS	CARTIER	ALCOOMÈTRE centésimal	SYKES
30	20	53	7,8 under proof
29	21	56	2,6 — —
28	22	59	2,7 over proof
27	23	62	7,9 — —
26	24	65	13,1 — —
25	25	68	18,3 — —
24	26	70	21,8 — —
23	27	72	25,3 — —
22	28	74	28,8 — —
21	29	77	34,0 — —
20	30	79	37,5 — —
19	31	81	40,9 — —
18	32	83	44,4 — —
17	33	85	47,9 — —
16	34	86	49,6 — —

HYDROMÈTRE DE GENDAR

En Amérique, on se sert d'un hydromètre assez semblable à celui de Sykes. C'est l'hydromètre de Gendar.

Il porte deux échelles : l'une de 0 à 150 pour les alcools les plus faibles et l'autre de 150 à 200 pour les alcools les plus forts. Le proof spirit américain contient 5o p. 100 en volume d'alcool absolu.

L'alcoomètre de Gendar plonge dans le proof spirit américain jusqu'à 100 et dans l'alcool pur jusqu'à 200.

ALCOOMÈTRE DE CARTIER

Cet alcoomètre est encore usité dans nombre de pays espagnols, ainsi qu'à Cuba, Saint-Domingue, Haïti.

La petite table donnée ci-dessus est suffisante pour les degrés usités en rhummerie.

ALCOOMÉTRE DE TRALLES

Cet alcoomètre, usité dans les pays allemands, diffère à peine de l'alcoomètre de Gay-Lussac et simplement parce qu'il a été gradué à $+ 15°6$ au lieu de 15. Les écarts qui en résultent entre les degrés de cet instrument sont si faibles que, le plus souvent, on peut les négliger dans la pratique.

VOCHMETER

Cet alcoomètre est employé dans les pays hollandais, notamment à Surinam ou Paramaribo, pays dans lesquels on fabrique du rhum. Mais on y emploie aussi le bobbless anglais.

Cet instrument est divisé en 144 parties égales, qui commencent au point où cet alcoomètre plonge dans l'eau à la température de 6o° Fahrenheit (15,56 centigrades). Le degré 10 représente l'eau-de-vie de preuve (vocht proof), laquelle correspond à très peu près au 5o de l'alcoomètre de Gay-Lussac.

4° TABLES POUR LE DOSAGE DES SUCRES PAR MÉTHODE PONDÉRALE

1° *Tables de Meissl.*

DOSAGE DE L'INVERTI SANS SACCHAROSE

CUIVRE PESÉ	INVERTI correspondant.	CUIVRE PESÉ	INVERTI correspondant.
Gr.	Gr.	Gr.	Gr.
0,096	0,050	0,1539	0,081
0,097	0,051	0,1558	0,082
0,0997	0,052	0,1576	0,083
0,1016	0,053	0,1594	0,084
0,1035	0,054	0,1613	0,085
0,1054	0,055	0,1631	0,086
0,1072	0,056	0,165	0,087
0,10913	0,057	0,1668	0,088
0,111	0,058	0,1686	0,089
0,1129	0,059	0,17005	0,090
0,1148	0,060	0,1723	0,091
0,1166	0,061	0,1742	0,092
0,11851	0,062	0,176	0,093
0,1204	0,063	0,1778	0,094
0,1222	0,064	0,1797	0,095
0,1242	0,065	0,1815	0,096
0,126	0,066	0,1834	0,097
0,1279	0,067	0,1852	0,098
0,1297	0,068	0,187	0,099
0,1316	0,069	0,1889	0,100
0,1335	0,070	0,1906	0,101
0,1354	0,071	0,1924	0,102
0,13727	0,072	0,1942	0,103
0,1391	0,073	0,196	0,104
0,141	0,074	0,1978	0,105
0,1429	0,075	0,1996	0,106
0,1447	0,076	0,2013	0,107
0,1466	0,077	0,2031	0,108
0,1484	0,078	0,2049	0,109
0,1502	0,079	0,2066	0,110
0,1521	0,080	0,2084	0,111

Table de Meissl (Suite).

CUIVRE PESÉ	INVERTI correspondant.	CUIVRE PESÉ	INVERTI correspondant.
Gr.	Gr.	Gr.	Gr.
0,2102	0,112	0,2752	0,149
0,212	0,113	0,2768	0,150
0,2137	0,114	0,2786	0,151
0,2155	0,115	0,2803	0,152
0,2173	0,116	0,282	0,153
0,21906	0,117	0,2837	0,154
0,2208	0,118	0,2852	0,155
0,2226	0,119	0,2870	0.156
0,2244	0,120	0,2887	0,157
0,2261	0,121	0,2904	0,158
0,2279	0,122	0,2921	0,159
0,2297	0,123	0,2936	0,160
0,23147	0,124	0,2954	0,161
0,2332	0,125	0,2971	0,162
0,235	0,126	0,2988	0,163
0,2367	0,127	0,3005	0,164
0,2384	0,128	0,3021	0,165
0,2402	0,129	0,3038	0,166
0,2419	0,130	0,3054	0,167
0,2437	0,131	0,3071	0,168
0,2454	0,132	0,3088	0.169
0,2472	0,133	0,3105	0,170
0,2489	0,134	0,3122	0,171
0,2506	0,135	0,3139	0,172
0,2524	0,136	0,3155	0,173
0,2541	0,137	0,3177	0,174
0,2559	0,138	0,3189	0,175
0,2576	0,139	0,3206	0,176
0,2594	0,140	0,3223	0,177
0,2611	0,141	0,324	0,178
0,2629	0,142	0,3256	0,179
0,2646	0,143	0,3272	8,180
0,2664	0,144	0,3288	0,181
0,2681	0,145	0,3305	0,182
0,2698	0,146	0,3321	0,183
0,2716	0,147	0,3338	0,184
0,2734	0,148	0,3355	0,185

2° *Tables de Meissl et Hiller* [1].

Cristallisable	INVERT.	245 F	225 F	200 F	175 F	150 F	125 F	100 F	75 F	50 F
0	100	»	»	56,4	55,4	54,5	53,8	53,2	53,0	53,0
10	90	»	»	56,3	55,3	54,4	53,8	53,2	52,9	52,9
20	80	»	»	56,2	55,2	54,3	53,7	53,2	52,7	52,7
30	70	»	«	56,1	55,1	54,2	53,7	53,2	52,6	52,6
40	60	»	»	55,9	55,0	54,1	53,6	53,1	52,5	52,4
50	50	»	»	55,7	54,9	54,0	53,5	53,1	52,3	52,2
60	40	»	»	55,6	54,7	53,8	53,2	52,8	52,1	51,9
70	30	»	»	55,5	54,5	53,5	52,9	52,5	51,9	51,6
80	20	»	»	55,4	54,3	53,3	52,7	52,2	51,7	51,3
90	10	56,2	55,1	54,6	53,6	53,1	52,6	52,1	51,6	51,2
91	9	56,2	55,1	54,1	53,6	52,6	52,1	51,6	51,2	50,7
92	8	56,2	54,6	53,6	53,1	52,1	51,6	51,2	50,7	50,3
93	7	55,7	54,1	53,6	53,1	52,1	51,2	50,7	50,3	49,8
94	6	55,7	54,1	53,1	52,6	51,6	50,7	50,3	49,8	48,9
95	5	55,7	53,6	52,6	52,1	51,2	50,3	49,4	48,9	48,5
96	4	55,7	53,6	52,1	51,2	50,7	49,8	48,9	47,7	46,9
97	3	55,7	53,6	50,7	50,3	49,8	48,9	47,6	46,2	45,1
98	2	55,7	53,6	49,9	48,9	48,5	47,3	45,8	43,3	40,0
99	1	55,7	53,6	47,7	47,3	46,5	45,1	43,3	41,2	38,1

3° *Table d'Herzfeld.*

CUIVRE [1]	INVERT 0/0	CUIVRE [1]	INVERT 0/0	CUIVRE [1]	INVERT 0/0
Milligram.		Milligram.		Milligram.	
50	0,05	70	0,14	90	0,24
55	0,07	75	0,16	95	0,27
60	0,09	80	0,19	100	0,30
65	0,11	85	0,21	105	0,32

[1] Pour 10 grammes de matière sucrée.

---

[1] Voir usage de cette table, page 242.

Table d'Herzfeld (Suite)

CUIVRE	INVERT 0/0	CUIVRE	INVERT 0/0	CUIVRE	INVERT 0/0
Milligram.		Milligram.		Milligram.	
110	0,35	180	0,74	250	1,13
115	0,38	185	0,76	255	1,16
120	0,40	190	0,79	260	1,19
125	0,43	195	0,82	265	1,21
130	0,45	200	0,85	270	1,24
135	0,48	205	0,88	275	1,27
140	0,51	210	0,90	280	1,30
145	0,53	215	0,93	285	1,33
150	0,56	220	0,96	290	1,36
155	0,59	225	0,99	295	1,38
160	0,62	230	1,02	300	1,41
165	0,65	235	1,05	305	1,44
170	0,68	240	1,07	310	1,47
175	0,71	245	1,10	315	1,50

Pour l'usage de cette table on pèse 25 grammes de sucre que l'on dissout dans 50 à 60 centimètres cubes d'eau, puis on complète le volume de 125 centimètres cubes.

50 centimètres cubes de cette solution (ou 10 grammes de sucre) sont additionnés de 50 centimètres cubes de Fehling, portés à l'ébullition que l'on maintient 2 minutes. Enfin on termine par filtration, lavage, calcination et réduction de l'oxyde de cuivre commé à l'ordinaire.

Après pesée de cuivre on se reporte à la table ci-dessus.

TABLE DES MATIÈRES

DEUXIÈME PARTIE

Pages.

CHAPITRE IV

TROISIÈME PARTIE

CHAPITRE PREMIER

CHAPITRE II

CHAPITRE III

LES ANTILLES ANGLAISES

CHAPITRE IV

CONDUITE ET INSTALLATION D'UNE RHUMMERIE MODERNE

CHAPITRE V

SÉLECTION DES LEVURES

CINQUIÈME PARTIE

ANALYSE DES MATIÈRES PREMIÈRES ET DES MOUTS
DE RHUMMERIES

CHAPITRE PREMIER

GÉNÉRALITÉS SUR L'ANALYSE DES MATIÈRES SUCRÉES 213

CHAPITRE II

ANALYSE DES MÉLASSES DE CANNES ET DES MOUTS DE RHUMMERIE

CHAPITRE III

ANALYSE DES VINASSES

CHAPITRE IV

ANALYSE COMPLÈTE D'UNE MÉLASSE DE CANNES

APPENDICE

1° THERMOMÉTRIE

2° AÉROMÉTRIE

3° ALCOOMÉTRIE

4° TABLES POUR LE DOSAGE DES SUCRES
PAR MÉTHODE PONDÉRALE

———

TABLE DES GRAVURES

ÉVREUX, IMPRIMERIE DE CHARLES HÉRISSEY

C. NAUD, Éditeur, 3, rue Racine, Paris - VI

LES GRANDES CULTURES COLONIALES

BIBLIOTHÈQUE PUBLIÉE SOUS LA DIRECTION DE M. H. LECOMTE

Le Café, *culture, manipulation, production,* par Henri Lecomte, agrégé de l'Université, docteur ès sciences, professeur au lycée Saint-Louis, lauréat de l'Institut, 1899, 1 vol. in-8° de 334 pages, avec 60 figures et 1 carte hors texte . . . . 5 fr.

Le Cacaoyer et sa culture, par H. Lecomte, docteur ès sciences, professeur au lycée Saint-Louis, et Ch. Chalot, directeur du Jardin d'essais de Libreville, 1897, 1 vol. in-8° de 123 pages, avec figures . . . . 2 fr.

Les Arbres à Gutta-Percha, leur culture, par Henri Lecomte, agrégé de l'Université, docteur ès sciences, professeur au lycée Saint-Louis, lauréat de l'Institut, 1899, 1 vol. in-8° de 90 pages, avec 7 figures et 1 carte hors texte . . . . 2 fr.

Le Coton, par H. Lecomte, agrégé de l'Université, docteur ès sciences, professeur au lycée Saint-Louis, lauréat de l'Institut. Ouvrage couronné par l'Académie des Sciences morales et politiques (prix Rossi), médaille de la Société de Géographie commerciale de Paris, 1 vol. in-8° carré de 502 pages, avec 87 figures et de très nombreux tableaux. Prix . . . . 9 fr.

Le Thé, sa culture et sa manipulation, par V. Bouffry, inspecteur adjoint des forêts, 1898, 1 vol. in-8° de 108 pages, avec 10 figures et 2 planches hors texte . . . . 2 fr.

Le Vanillier, sa culture, préparation et commerce de la vanille, par Henri Lecomte, agrégé de l'Université, docteur ès sciences, professeur au lycée Saint-Louis, lauréat de l'Institut, avec la collaboration de M. Ch. Chalot, directeur du Jardin d'essais de Libreville, 1901, 1 vol. in-8° de 228 pages, avec figures . . . . 5 fr.

La Crise agricole dans ses rapports avec la baisse des prix et la question monétaire, par D. Zolla. Ouvrage couronné par l'Académie des Sciences morales et politiques (prix Rossi), 1903, 1 vol. in-8° carré de 256 pages, avec figures . . . . 5 fr.

Les Moûts et les Vins en distillerie, par Lucien Lévy, docteur ès sciences, ingénieur agronome, professeur de distillerie à l'École nationale des industries agricoles, 1903, 1 vol. in-8° carré de IV-654 pages, avec 160 figures, cartonné à l'anglaise . . . . 11 fr.

La Vigne et le Vin chez les Romains, par G. Guérin, directeur de l'Institut régional œnologique et agronomique de Bourgogne, 1904, 1 vol. in-8° carré (23 × 14) de 184 pages, cartonné à l'anglaise . . . . 5 fr.

Les Bouilleurs de Cru, par MM. André Anthéaume, médecin inspecteur adjoint des asiles d'aliénés, ancien chef de clinique de l'Université de Paris, et Léon Anthéaume, docteur en droit, avocat à la Cour d'appel, ancien élève de l'École des Sciences politiques, 1903, 1 vol. in-8° carré de 292 pages. Prix broché . . . . 4 fr.

ÉVREUX, IMPRIMERIE DE CHARLES HÉRISSEY